今日も異文化の壁と闘ってます

千葉祐大　まんが Yuko

三笠書房

p.36

職場で宗教の話は、決してタブーではない

p.66

インド人が驚くような行動をするワケ

p.92

違いをふまえて
2割カスタマイズする

p.112

伝わらないのは
指示する側の責任

P.176
気をつけたほうがいい
NGジェスチャーとは?

P.180
いま日本中に
外国人客が押し寄せている

はじめに

みんな違ってあたり前

突然ですが、あなたに質問です。

パンダは白がベースの動物だと思いますか？

それとも黒がベースの動物でしょうか？


正解は、「どちらとも言い切れません」。

パンダは白地に黒の動物であるとも言え、黒地に白の動物であるとも言えます。

見る人によって違うというのが、より適切な答えでしょうか。

「パンダが黒の動物？　そんなの絶対おかしいよ！」

そう思った方、ぜひ考えを改めてください。

確かにパンダの体毛は白い部分のほうが面積は多いようですが、黒がベースと思う人がいる以上、パンダを白の動物と決めつけてはいけません。

同じものを見ても、人によって捉え方は違います。自分が正しいと信じることでも、「これ以外はない」と決めつけないほうがいいでしょう。

数学の問題であればともかく、世の中には答えが一つとは限らないものがたくさんあります。自分の意見は間違っていないけど、反対の意見も正しい、というケースは十分にあり得ます。すべてが択一の問題ではないのです。

やっかいなのは、人は自分と違う考えを聞いたとき、相手にネガティブな感情を抱く傾向があること。あげくの果てには、相手の人間性まで疑い始めてしまいます。

「たまにおかしなことを言うけど、あの人、大丈夫かな？」

あなたも周りの誰かに対し、こんなふうに思ったことはないですか？

でも、「おかしい」「変だ」と思う相手と、いいコミュニケーションなんて取れるわけがないですよね。はなからネガティブな感情を持って接することになりますから。

大切なのは、**みんな違ってあたり前**と思うこと。そして、**違いをひとまず受け入れることです**。たとえ相手が「パンダは灰色」と言ったとしても、「この人はおかしい」と決めつけてはいけません。**異論に否定から入るのではなく、違いをどう克服するかを考えるべき**なのです。

異文化の相手の場合は、特にこのことが当てはまります。

まず、育ってきた環境がまるで違います。共有している経験も多くありません。おまけに言葉も完璧には通じません。たとえるなら、つねに大きな「違いの壁」が立ちはだかっているような状態です。

ただ、日本人がこうした異文化の壁をきちんと乗り越えられているかというと、かなり疑問です。**多くの人は違いに違和感を覚えながらも、自ら何もアクションを起こしていない**のではないでしょうか。そして、いつか相手が自分に近づいてくれることを期待し、**自分は全く変わろうとしない人が多い**ように感じます。

違いを受け入れ、その違いを克服しようとしていないのですから、当然コミュニケーションもうまくはいきません。

そこで本書では、異文化の相手と接するみなさんが、どうすれば違いの壁を乗り越えていけるか、具体的にお話ししていきます。ご紹介する内容は盛りだくさんですが、誰にでもすぐにできることばかりですので、読後にすべて実践するつもりで読み進めてください。

私は長年、製造業やサービス業の現場で異文化マネジメントに携わり、現在は外国人材とのコミュニケーションに悩む多くのビジネスパーソンに指導を行っています。本文に書いた知見やデータ、経験則は、高い普遍性があると自負しています。

いまからお話しするやり方や考え方がわかれば、相手との違いを楽しめるようになります。青のパンダだろうとピンクのパンダだろうと、すんなり受け入れられるようになるでしょう。違いを楽しめるようになれば、あなたの周りからやっかいな相手はいなくなるはずです。

本書があなたをその境地に導く一助になれば、これに勝る喜びはありません。

違いを受け入れるところから始めよう

今日も異文化の壁と闘ってます●目次

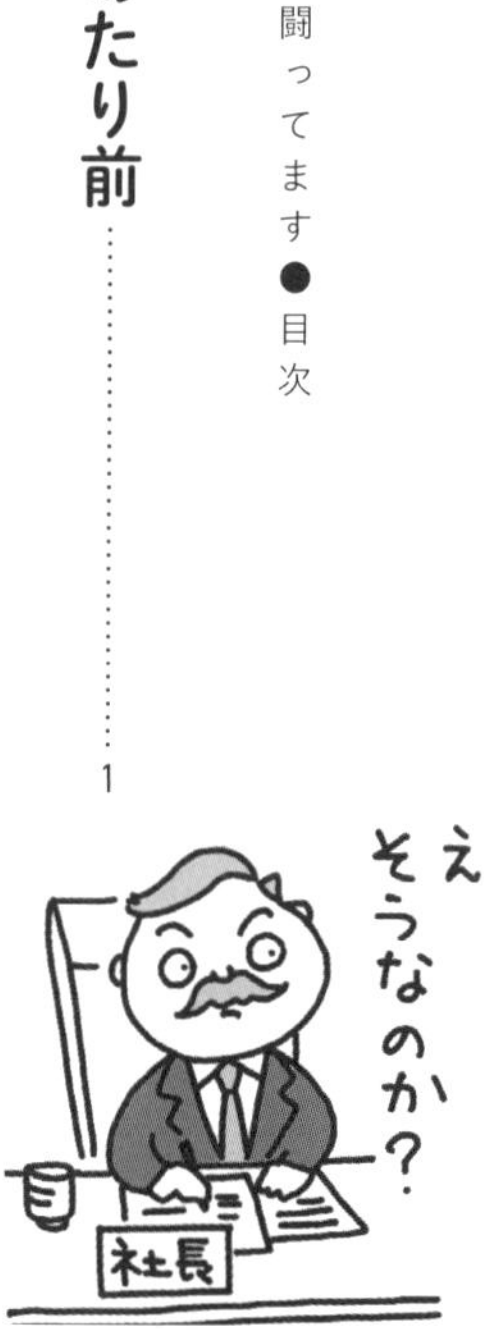

第1章 いま職場は「異文化」であふれている

第2章 国・地域別

特性を攻略すれば「異文化」も怖くない！

ホッホウ

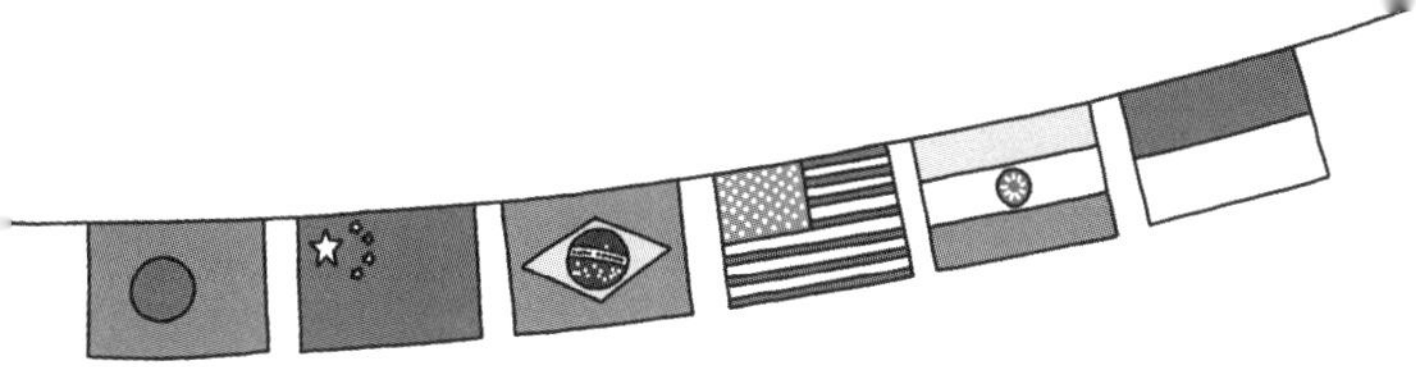

第3章 考え方編

「異文化の壁」はこうして乗り越える

第4章 伝え方編

「異文化の壁」はこうして乗り越える

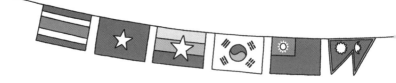

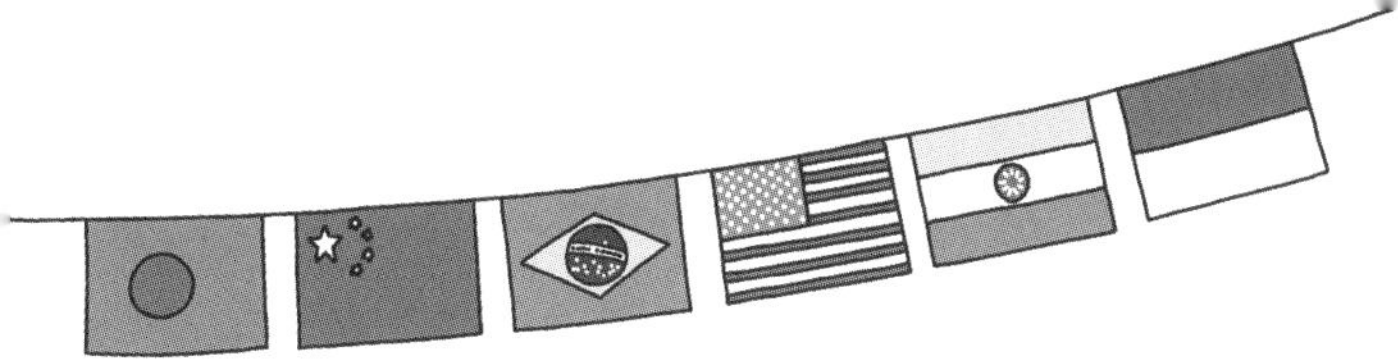

第5章 「異文化の壁」はこうして乗り越える

接し方編

第6章 職場以外にも広がる「異文化の壁」

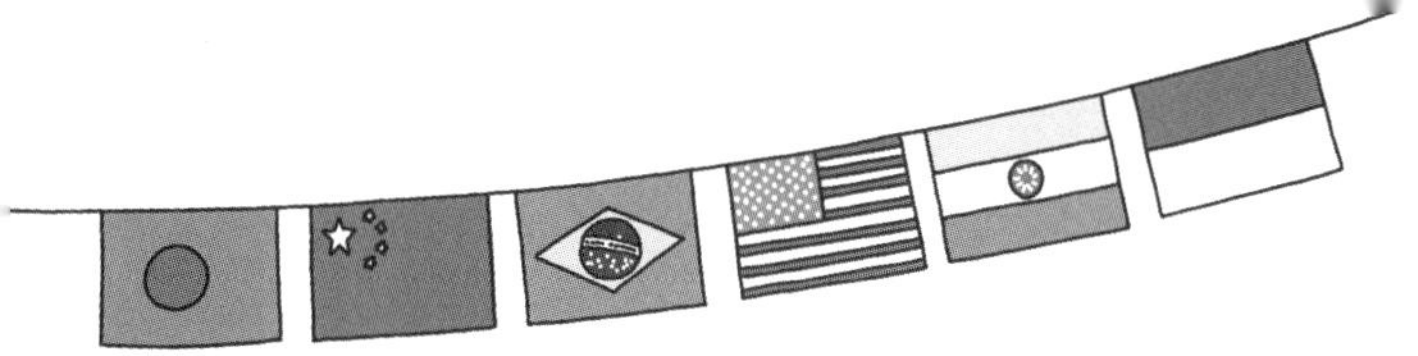

本文デザイン・ＤＴＰ・図版作製　石澤義裕

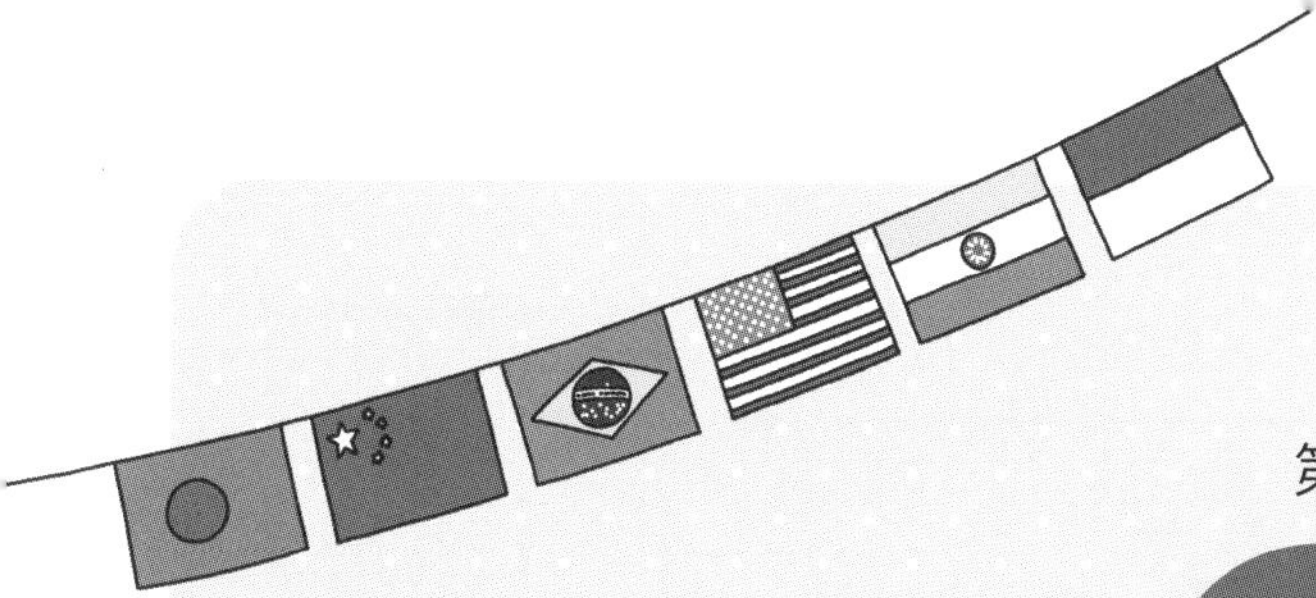

第1章 いま職場は「異文化」であふれている

1 管理職のストレスは10年前とは段違い

外国人スタッフに、これまでのやり方は通用しません…

初めて外国人の部下を持つようになった管理職のみなさんに話を聞いたときのこと。「何か困っていることありますか？」との問いに、返ってきた答えは予想どおりの嘆き節ばかりでした。

「やたらとイレギュラー対応が増えた」「日本人がやらないことをするから、ドックリする」「いちいち確認しなければならないので、とにかく時間がかかる」

要約すると、**「日本人といろいろ違いがあるので面倒くさい」**ということのよう。まあ、言いたいことはよくわかります。自分と違う言動をする人を相手にするのは、けっこうストレスがたまりますから。

おそらく昔は、こんな思いをすることは少なかったはずです。職場のメンバーは自分と近いバックボーンを持った人ばかりでした。ずっと日本で生活し、日本語で意思疎通ができて、日本人のコミュニケーションスタイルを理解している。そんな人しか職場にいなかったのではないでしょうか。

近年、日本で働く外国人が増え、職場の多様性が大きく広がりました。**違いに直面し、これまでのやり方が通用しないケースが多くなっています。**

いまの管理職のストレスは、10年前とは段違いなのです。

2

おじさん世代が最も異文化に慣れていない

「オレの背中を見て学べ」は、ニューカマーには意味不明

おじさん世代の典型的な悪疾《あくしつ》は、**環境の変化に適応できなくなること**。周りは目まぐるしく変わっているのに、「自分はこのままでいい」と思っているようなら黄信号です。近年職場の多様性がにわかに高まり、自分と違う価値観を持ったニューカマーと働くケースが多くなってきました。いままでのやり方が通用しない場面は、これからどんどん増えてくるはずです。何も変わらなければ、みるみるうちに取り残されてしまうでしょう。

特に、いまの40代以上の管理職は、異文化と接することなく育ってきた世代です。学生時代のクラスメイトはみな日本人。コンビニや飲食店にも外国人店員はいませんでした。日本人以外とコミュニケーションを取る機会なんてほとんどなかったのですから、外国人と対面したときに、違いをどう克服すればいいかわからないのも当然です。

そのため、「ここは日本だから向こうが合わせるべきだ」とばかり、「俺は変わらねえスタイル」を貫いている人が多いのが実状です。

断言します。これから**「俺は変わらねえスタイル」は通用しなくなります**。おじさん世代のこの考え方は、まもなく職場のマイノリティになるでしょう。環境に合わせたマイナーチェンジが必須です。それくらい、時代は大きく変化しているのです。

3

悩みのほとんどは「言葉と文化の壁」

「わからない」と言いたくない理由もさまざまです…

外国人と働く日本人の一番の悩みは、**「言葉と文化の壁」**につきます。ある会社が行った調査でも、外国人材活用の課題として、この2つが1位と2位を占めました（【図表1】外国人社員活用の課題）。

言葉と文化の壁ってどんなことか。例をあげましょう。「外国人部下はわかってないのに『わかりました』と言うから困る」。マネジメントの現場でしょっちゅう耳にする話です。じつはこのあるある話の裏にも、言葉と文化の壁が潜んでいるのです。

そもそもなぜ、わかってないのに「わかりました」と言うのか。理由は大きく5つに分かれます。

【図表1】外国人社員活用の課題

内容	割合
社内での日本語コミュニケーション能力の不足	**51.7%**
文化や価値観、考え方の違いによるトラブル	**37.5%**
外国人社員を活用できる日本人管理職の不足	34.8%
取引先との日本語コミュニケーション能力の不足	33.7%
離職率が高く定着しない	23.2%

出所：株式会社ディスコ「外国人留学生／高度外国人材の採用に関する調査」（2023年）

❶ わからないことがあるが、「わかりません」と言いにくい
❷ 本人はわかったつもりでいるが、じつは間違って理解している
❸ わからないことがあるが、何がどうわからないのか説明できない
❹ わかっているのか、わかっていないのか、そもそもよくわかっていない
❺ わからないことがあるが、「わかりません」と言いたくない

この中で❶と❷は、日本人社員でも起こり得ます。

怖い上司を前にして、「わからない」なんて言おうものなら、どれだけ怒られるかわからない。だから、条件反射的に「わかりました」と言ってしまうことはあるでしょう。そして、説明の仕方が悪くて聞き手が間違った捉え方をするケースは、どんな場面や関係でもあり得ます。

これに対し、ほかの3つは外国人材特有のケースです。

❸と❹は、「言葉の壁」から生じる事象です。「日本語がわからないけど、いちいち聞くのは面倒くさいから、とりあえず『わかりました』と言っておこう」。おそらく、本人の心理はこんな感じなのでしょう。

❺については、文化や価値観の違いが壁になるケースです。
なぜ「わかりません」と言いたくないのか？　理由は国や人によって異なります。

たとえば中国人は、52～55ページでお話しするとおり、メンツをつぶされることを極度に嫌がります。そして、**相手の問いに「わからない」と答えるのは、自分で自分のメンツをつぶすことにほかなりません。**だから、できるだけ「わかりません」と言いたくないのです。

タイ人やインドネシア人の場合は、また理由が異なります。**目上の人を過度におもんぱかる傾向があるため、「ボスの時間を奪ってはいけない」という心理で「わかりました」と言ってしまう**人が多いようです。

このように、「わかりました」という言葉の裏には、外国人材特有のこんな心理が潜んでいるのです。多くの方にとっては、「そんなの知らないよ！」って感じですよね。

外国人材をマネジメントする際は、多くの場面で「言葉と文化の壁」が立ちはだかります。見方を変えると、**「言葉と文化の壁」を乗り越えられれば、異文化マネジメントの悩みはほとんど解決できる**と言っても過言ではないのです。

4 日本語をあまり話せない外国人材にどう対応する？

見てください
まずはこうやります
そして このまま続けたら完成です！
カンタンです!!
…
ワカリマセン
あーっ
??
全然伝わらない…
自分でやるしかないか…

あきらめないで！「言葉の壁」はどうにかなる!!

最近、日本で働く外国人材の中に、日本語をあまり話せない人が増えてきています。たとえば欧米出身のホワイトカラー層には、毎日、英語で仕事をしている人が少なくありません。いまは公用語を英語にしている職場も多くありますから、そうした職場で働いていれば、日本語を覚える必要なんてないのです。

英語でコミュニケーションが取れるのなら、さほど問題はないのですが、やっかいなのは、言葉がほとんど通じないケースです。最近、日本語も英語もカタコトで、まともに話せるのは自国語のみという外国人材が増えてきました。技能実習生を受け入れている会社では、あるあるの話です。

「いったいどうやって指示を伝えているの？」。当然そう思いますよね。

一番多いのが、通訳を介して伝えるやり方でしょうか。日本語が堪能な同じ国の社員が、毎回通訳として間に入るのです。あとは翻訳アプリを使うか、身振り手振りで意思を伝え合うくらいしか方法はありません。もちろん効率は悪いし、問題も出てきます。でも何とかなっている、いえ、何とかしているようです。

このように、**職場で意思疎通が図れない状況は、いまや全然珍しくありません。マネジメントの難度が、以前より格段に上がっている**のは言うまでもないでしょう。

5

「できます」を鵜呑みにしてはいけない

運転はできますか?
デキマス!
ワード エクセル パワーポイントは使えますか?
ハイ! 大丈夫です!
経理関係は?
No Problem です!
スゴい!!
君は万能ですね
ハイ! 未経験ですが教えていただければ何でもデキマス!
ポテンシャル高いです

だって「ポテンシャル」もスキルですから

とある中途採用者の面接にて

森さん（面接官）「当社の仕事は、車を運転できないと話になりません。陳さんは運転免許証は持っているようですが、運転は大丈夫ですよね？」
陳さん（受験者）「はい大丈夫です。運転できます！」
森さん「そうですか。では合格です。さっそく来月から働いてください」
陳さん「ありがとうございます！」

～翌月の入社初日～


森さん（上司）「陳さん、いまから横浜工場に行くんだけど、車の運転は君がしてもらえるかな？」

陳さん（部下）「はい、わかりました」

（恐る恐る運転をし始めたものの、かなり危なっかしい様子）

森さん「おいおい、どうしたの？　運転できるって言ってたよね？」

陳さん「はい。ただ、日本で運転したのはまだ2回ほどで」

森さん「えっ、面接で嘘をついていたの!?」

陳さん「嘘はついていません（きっぱり）！　運転免許証はちゃんと持って

いますし、日本で運転したこともありますから。ただ面接のときは、入社後に時間をかけて教育してもらえればできる、という意味で言ったんです」

「おいおい、何だそれ……（あ然）」

森さん

これ、コントではないですよ。ある会社で実際にあった話です。

何かを要求されたとき、十分な知識や経験がなければ「できない」と答えるのが日本人。それに対し外国人材の中には、日本人から見たら全然できていないのに「できる」と言ってしまう人が少なくありません。一度でも経験があればまだマシなほうです。なかには**自分にはポテンシャルがあるという意味で、未経験なのに「できる」と言ってしまう人もいます。明らかに、日本人とは「できる」の定義が違います。**

過去の経験を振り返って「できない」と言うのは、日本のような単一民族が主流を占める同質型社会の特徴です。お互いの価値観が近いので、嘘やハッタリはすぐにばれるという考えが前提となっているからです。

他方、多民族が共存する異質型社会で生きてきた人は違います。たとえばアメリカ人の「できる」は、「Do My Best」の意味で言うことが多いといいます。**他民族が共存する競争社会で生きてきたため、相手に自分の価値を高く見せなければならないと**いう意識を持っているからです。できないことでも「できる」と言ってのけるのは、そうした社会的背景が影響しているのです。

この話を知り合いの中国人女性にしたとき、彼女は「そんなのあたり前」と言わんばかりの顔つきで、私にこう話しました。

「できないなんて言ったらチャンスがなくなるから、どんなときでも『できる』と言うのは当然です。そのときはできなくても、『できる』と返事をした後に、誰かの助けを借りてできるようにすればいいんです！」

中国は生き馬の目を抜くような超競争社会。正直に「できない」と答えていたら、チャンスはすぐにほかの人に移ってしまいます。加えて中国人はメンツを重んじますから、自ら能力がないことを認めるような発言をしようとは考えません。

異文化の相手とやりとりするときは、相手が本当にできるかどうかを確認する必要があります。「できる」の意味を、ちゃんと見定めないといけないのです。

6

外国人を悩ませる日本人の「あいまい表現」

いや、だから、そういうところなんですけど…

外国人が理解しづらい日本人特有の伝達方法。それは「あいまい表現」です。**外国人の多くが、日本に来てまず悩まされるのがあいまい表現だといいます。**

日本人のあいまい表現にはいろんなバリエーションがありますが、とりわけ誤解を生みやすいのが以下の3つのパターンです。

❶ YesかNoかわからない返答をする

【例】「難しいかもしれません」↓（本心）「できるわけないだろ！」

❷ 指示や要求を婉曲に言う

【例】「お手すきのタイミングでやってください」↓（本心）「すぐにやってよ！」

❸ 相手の気づきを促す言い方をする

【例】「丁寧に仕事をしますね」↓（本心）「仕事が遅すぎるよ！」

こうしたあいまい表現は、確実に相手を混乱させます。致命的なミスやトラブルにつながることもあるでしょう。結論や要求はストレートに言うべきです。とにかく「自分の本心を見える化する」のが鉄則です。

ただし、表現はもう少しやわらかくしてくださいね。【例】の本心のような言い方では、さすがに言葉がキツすぎますから（笑）。

7 あいまい表現が原因の「コミュニケーションギャップあるある」

日本に長く住んでると、「察する文化」も身につくように…

日本人のコミュニケーションには、「いちいち説明しなくてもわかるだろう」という暗黙の了解があります。聞き手はつねに相手の気持ちを察するのがマナーで、一を聞いて十を知ることを期待されます。

ただ、このやり方は日本に来たばかりの外国人には通じないと思ったほうがいいでしょう。さまざまな価値観を持つ人が混在する社会では、何でもはっきりストレートに伝えるのが基本です。**自分の意思を明確に表現しないと誤解が生じるため、直接的に伝えることがあたり前の社会環境だから**です。あいまいな言い方をして、「言わんとすることを察してよ」とばかり、相手に判断を委ねるやり方には馴染みがありません。

あいまい表現が原因で起こる、代表的な「コミュニケーションギャップ」をご紹介しましょう。たとえば上司が、日本に来たばかりの外国人社員にこんな言葉を投げかけたとします。

なんか、寒いな。冷房が効きすぎだよな。リーさんの国は一年中暑いけど、さすがにここまで温度を下げないだろ？　この部屋、ちょっと寒すぎないか？

この表現、日本人であれば何を言いたいのか、ピンときますよね。そうです。この上司は「エアコンの設定温度を上げてほしい」と思っているのです。でも、自分の要求をストレートに伝えていません。直接的な表現で依頼をせず、いまの気分や状況を伝えて、リーさんが自分の要求に気づいてくれることを期待しています。

ただしこの言い方では、おそらくリーさんに本心が伝わることはありません。予想される返答は、寒いと感じていれば「確かに寒いですね」と言い、そう感じていなければ「別に寒くありません」と言うだけです。寒いかどうかを聞いているわけですから、イエスかノーかで返答するのは、ある意味、あたり前ですよね。

ただ、そう切り返された上司は、おそらく心中穏やかではないでしょう。「空気を読んで、気を利かすってことができないのかよ。だから外国人社員は使えないんだ！」と心の中で毒づくはずです。そして一方的にイライラし始めます。人によっては感情を露《あら》わにすることもあるかもしれません（苦笑）。あげくの果てには、自分の要求が伝わらない原因を、すべて「日本人との違い」のせいにします。

「育ってきた環境が違うからなあ。『日本の察する文化』を理解させるのは、かなり大変そうだなあ」と。

一方、外国人社員のほうはどうかというと、急に機嫌が悪くなった上司を見て、「この人はよく理解できない」と感じます。そして、こちらも「自国との文化の違い」に原因があると考えます。

「日本人の言動は、自分たちとずいぶん違うなあ」と。

こうして、コミュニケーションギャップが生まれます。早くも相互不理解の状況になってしまいました。でもおわかりのとおり、原因は「文化の違い」ではありません。**日本人上司の伝え方が悪いのです。伝え方を変えれば、こうした行き違いは解消できるはずです。**

日本人は、相手に言外のニュアンスを汲み取ってもらおうとする伝達方法をよく使います。ただ、こうした表現の裏に隠された意味を、外国人が理解できるようになるにはある程度の時間が必要です。大前提として、**「日本に来たばかりの外国人に、気づきを促すコミュニケーションスタイルは通用しない」**と認識しておいたほうがいいでしょう。

8

職場で宗教の話は、決してタブーではない

信仰や宗教への理解は、仕事を円滑に進める第一歩！

「○○さんは、どんな宗教を信じているんですか?」。こんな質問を、日本人の同僚にすることなんてまずないですよね。

日本では戦前戦中の反省をふまえ、公立学校で宗教教育をすることが禁じられてきました。また、宗教団体が過去に起こした事件の影響で、宗教自体によくないイメージを持つ日本人は少なくありません。宗教の話はアンタッチャブルにするのが、ある意味日本社会のルールになっています。

外国人材の場合はどうだと思います? 結論から言うと、**職場で宗教の話題を取り上げても問題はありません。隠し立てするようなものではない、と考える人が多い**からです。もちろん相手が信じる宗教をバカにしたり、批判したりするのはダメですよ。ただ、信仰する宗教について、掘り下げて聞くくらいなら問題はないでしょう。

むしろ宗教に関する質問は、**相互理解を深め、仕事を円滑に進めるうえで必要**なことも多くあります。たとえばイスラム教徒なら、相手の生活慣習(お祈りやハラルなど)を理解しておかなければ、間違いなく仕事に支障が出るはずです。

外国人材の多くは、日本人ほど宗教の話をタブーと思っていません。このことは、コミュニケーションを取る際の前提として、知っておいたほうがいいでしょう。

9
イスラム教徒の社員にどこまで配慮したらいい？

どうしても「譲れないもの」があるんです…

いまや世界のイスラム教徒の数は約20億人ともいわれ、世界人口の4分の1近くを占めています。しかも、イスラム教徒の数はすさまじい勢いで増え続けています。

みなさんも、そう遠くない将来に、イスラム教徒の人と一緒に働く可能性は十分にあるでしょう。

日本で働く人が多い国の中で、イスラム教徒の数が最も多いのはインドネシアです。その数は約2億4000万人に及び、国民の9割近くがイスラム教を信仰しています。

インドネシアに次ぐのが、インド、バ

【図表2】日本で働く人が多い国のイスラム教徒の数

国名	イスラム教徒の数	人口に占める割合
インドネシア	2億3599万人	87.2%
インド	1億9403万人	14.2%
バングラデシュ	1億4527万人	89.1%
ウズベキスタン	2513万人	76.2%
中国	2581万人	1.8%
マレーシア	1959万人	61.3%
フィリピン	551万人	5.1%
ベトナム	19万人	0.2%
日本	**13万人**	**0.1%**

出所：店田廣文「世界と日本のムスリム人口2019／2020年」

ングラデシュ、ウズベキスタンといった国々。今後みなさんがイスラム教徒と働く機会があるとすれば、おそらくこうした国々の人になるはずです（【図表2】日本で働く人が多い国のイスラム教徒の数）。

イスラム教徒の慣習は、多くの日本人のそれとは異なります。たとえば次のようなことが、イスラム教徒の慣習としてよく知られています。

- 一日5回、1回あたり5～10分間のお祈りをする
- お祈りの前に必ず体を清める。手や顔だけでなく、足も洗う
- お祈り中に話しかけられたり、前を横切られたりすることを嫌がる
- 豚肉やアルコールの成分が入ったものを口にしない
- ラマダンの時期は、太陽が出ている時間帯に飲み食いしない
- 女性は顔と手以外の肌をさらさない
- 親族以外の異性との接触を避ける

イスラム教徒の社員を受け入れたときは、彼ら彼女らのこうした慣習に配慮するの

が理想です。最近は、足も洗えるお祈りスペースを用意したり、イスラム教徒が安心して食べられるハラルフードを、社員食堂で提供したりする企業も出てきています。

「自ら望んで日本に来ているんだから、郷に入っては郷に従うべきではないか！」

そう考える方がいるかもしれません。でもイスラム教徒の立場に立てば、そういうわけにもいかないのです。彼ら彼女らは、神との契約に基づいてこうした行為をしています。神の意向に反して、郷に従うことなんてできないのです。

イスラム教徒の戒律の厳しさは、国や世代、個人の考え方によっても差があるといいます。そのため**イスラム教徒の社員を受け入れた際は、何に配慮してほしいのか、まずは本人に確認したほうがいい**でしょう。もちろん確認するだけじゃダメですよ。できることはすべて配慮するようにしてください。

今後こうした対応は、間違いなく企業の責務になっていくでしょう。言い方を換えると、イスラム教徒の慣習に配慮しない企業は、社会的にバッシングされる時代になるはずです。

10

「家族の話題」は格好の雑談ネタ

会話のネタに困ったら「家族の話」で乗り切ろう

外国人の部下と二人きりになって、何か雑談をしようとしたとき、あなたならどんな話題を取り上げますか？

これに関して以前、当社でアンケートを取ったことがあります。結果は下表のとおりでした（【図表3】仕事の話以外で盛り上がった外国人部下との話題）。注目してもらいたいのが、「相手の家族の話題」が3位に入っていること。じつは、家族の話はけっこう盛り上がります。日本で働く外国人の中には、家族第一の考えを持った人が少なくないですから。

もちろんなかには、家族のことを質問しても話したがらない人もいます。でも、そういう人は少数派でしょう。むしろ意気揚々と話し始める人が多いのではないでしょうか。家族のことを気にかけてくれた相手にも、好感を持つはずです。

ただし、相手の家族を悪く言ったり、バカにしたりするような発言はむろん御《ご》法《はっと》度です。うっかり失言にはくれぐれも注意してください。

【図表3】仕事の話以外で盛り上がった外国人部下との話題

順位	内容	割合
1位	相手の母国の話題（最新ニュース、風習、食べ物）	68.3%
2位	日本のポップカルチャーの話題（アニメ、まんが、ドラマ）	46.0%
3位	相手の家族の話題（家族の近況、家族の冠婚葬祭）	41.3%

出所：キャリアマネジメント研究所「外国人部下を持つ上司へのアンケート」

Column ①

データで読み解く「日本で働く外国人」

日本で働く外国人の人数は、２０２３年10月末時点で過去最多の２０４万８６７５人。この7年で人数は2倍に増えました（【図表4】「外国人雇用状況」の届出状況まとめ）。

コロナ禍で、人の流入が止まった期間が3年近くあったにもかかわらずです。外国人雇用の勢いは、多少のアップダウンはあれど、衰え知らずと言っていいでしょう。

もっとも、このトレンドは必然と言えます。日本はすさまじい勢いで人口が減っているのですから。

どれくらい減っているかご理解いただくために、「日本人の人口」に関する最新データをいくつかご紹介したいと思います。

【図表4】「外国人雇用状況」の届出状況まとめ

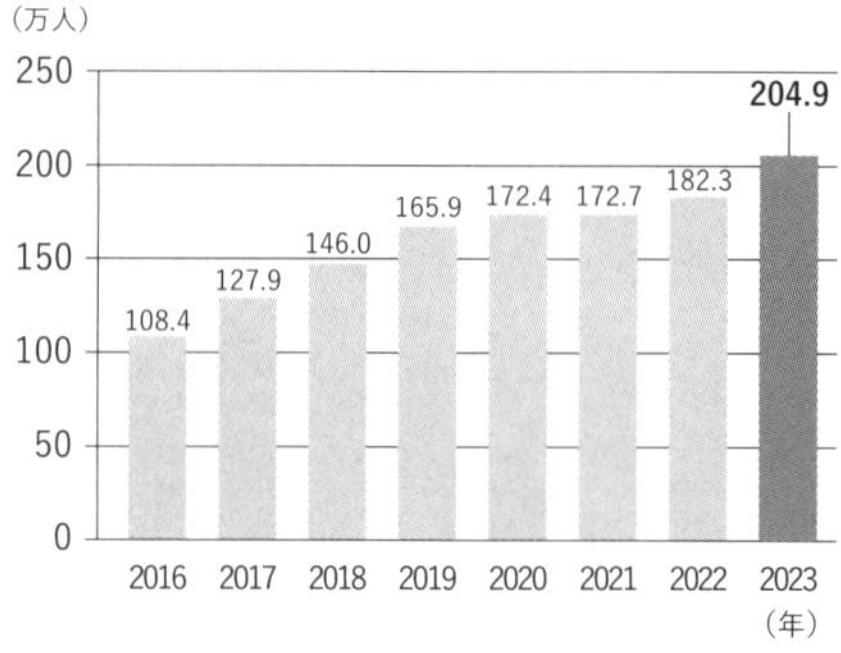

※各年の人数はすべて10月末時点
出所：厚生労働省「在留資格別外国人労働者の推移」

- 日本人の人口は、15年連続で減少。減少幅は統計開始以来、過去最大
- わずか1年で、山梨県の人口を上回る数が消失
- 日本人の出生者数も、過去最少を更新

（総務省の2024年発表資料より）

どうですか？「すさまじい」と言った意味が、おわかりいただけたのではないでしょうか。

とりわけ労働力人口の減少は深刻です。このままいくと2040年には、働き手が1100万人不足し、あらゆる分野で人手が足りなくなると予想されています。

こうした状況を受けて、「外国人労働者の受け入れやむなし」と考える人が着実に増えてきました。2024年に行われた朝日新聞の調査によると、「外国人労働者の受け入れ拡大に賛成」の人は、すでに国民の62%に及んでいます。2018年の同調査と比べると、40〜50代のおじさん世代だけでなく、60代以上の高齢層でも、外国人労働者への抵抗感が薄れてきているのがわかります（【図表5】外国人労働者の受け入れ拡大に賛成の割合）。

少し前までは、「外国人労働者を受け入れるなんてとんでもない。日本人の雇用が奪われるし、治安も悪くなる」という意見が過半数を占めていました。しかしその考え方は、急速に変わってきていることが、このデータから読み取れます。

日本経済にとって、外国人労働者の存在は必要不可欠という認識を、国民が共有するようになってきたことが背景にあるように思います。そして身近で働く外国人を見て、「これなら問題ない」と判断する人が、確実に増えてきているのではないでしょうか。

この超人手不足の折、外国人労働者の受け入れ拡大は、誰が見ても待ったなしの状況です。日本人の外国人労働者に対する意識は、これからさらにポジティブなものに変わっていくのではないでしょうか。

【図表5】外国人労働者の受け入れ拡大に賛成の割合（n＝1962）

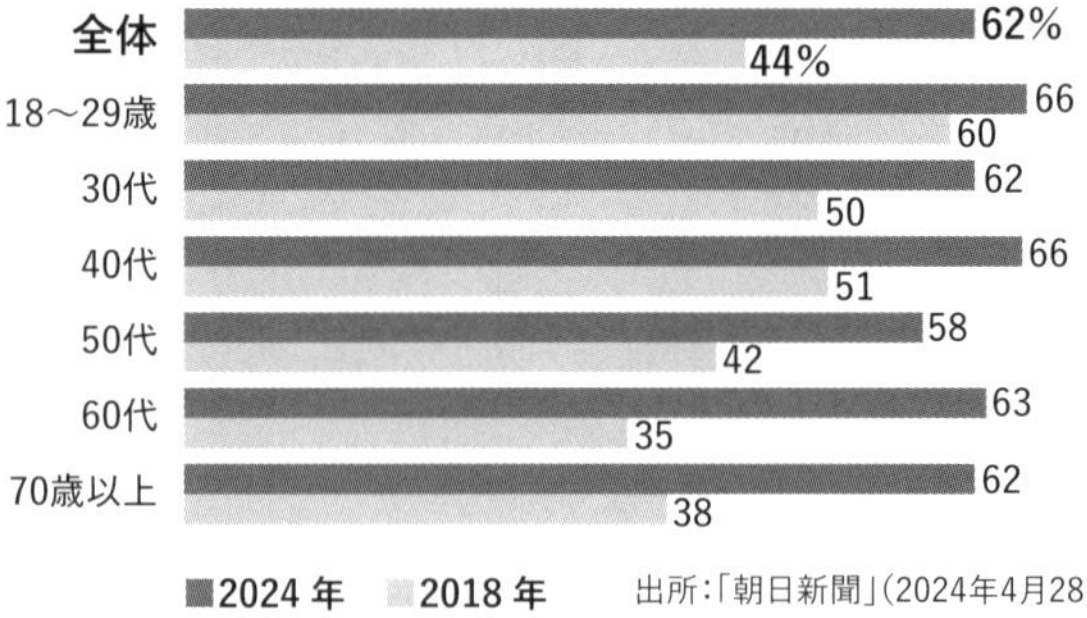

出所：「朝日新聞」（2024年4月28日付朝刊）

第2章

国・地域別

特性を攻略すれば「異文化」も怖くない！

11

「出身国だけで特性を決めつけるな！」は間違い

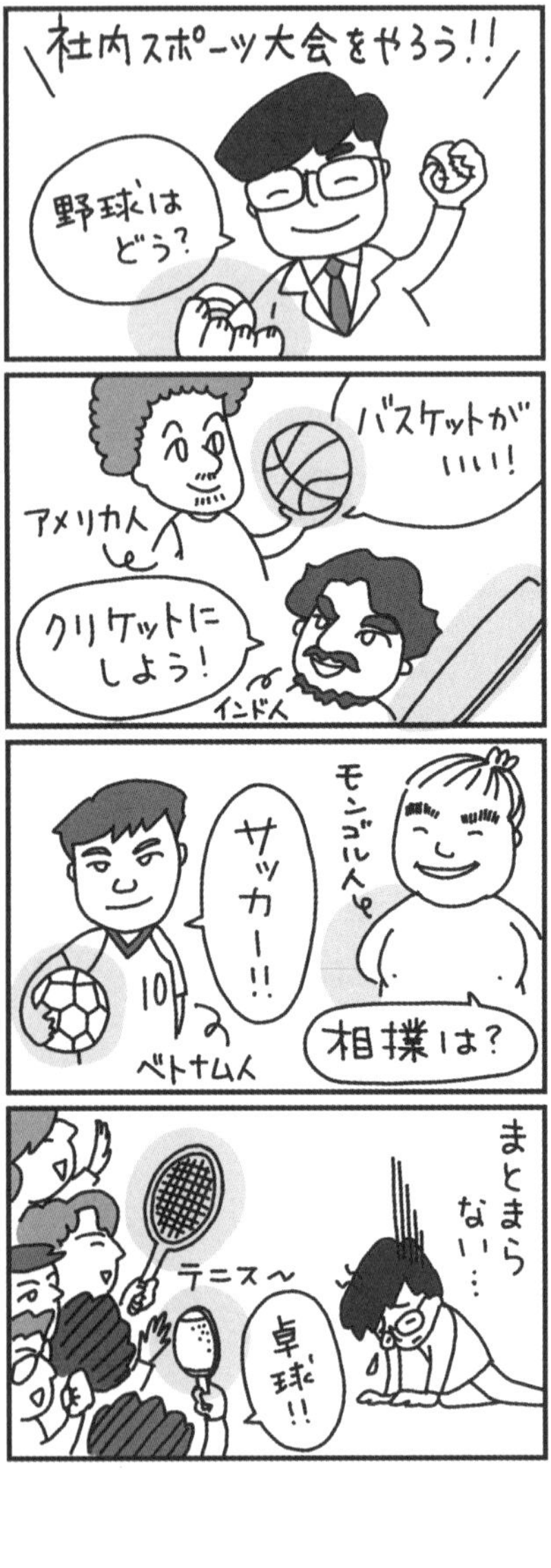

いっそ、誰もやったことのないスポーツにしたら…？

この章では、出身国ごとの特性の違いをお話ししていきます。育った社会環境が違えば、人の考え方にも違いは生じるものです。どの国にも固有の文化があり、そこで生活する人たちの行動原理に影響を与えています。だから、その違いで嫌悪感を覚えないためにも、育ってきた環境に基づく相手の考え方の特徴を知っておいたほうがいいのです。

ただ、出身国ごとの特性の話をすると、決まってこんなことを言う人がいます。

「出身国だけで、相手をステレオタイプに決めつけないほうがいい」

「突き詰めるとみんな同じ人間。国によってそんなに大きく変わらない」

「同じ国でも全く違うタイプの人はいる。出身国だけで一般化はできない」

私自身、この類いの「ご忠告」を何度聞かされたことか……。人によっては感情的に意見を振りかざしてくるので、悩ましい限りです（苦笑）。

こんなとき、私は決まってこう反論するようにしています。

「私が言っている特性と、あなたが考える特性はおそらく違います。まずは言葉の定義を合わせましょう」と。どういうことか、詳しくご説明しましょう。

人の言動に影響を与える要素には3つあります。「❶個人の性格」「❷グループ共通の文化」「❸人類共通の普遍的な考え方」の3つです。この組み合わせで、どんな言動をするかが決まるというのが定説です（【図表6】人の言動に影響を与える要素）。

このうち「グループ共通の文化」というのは、その人が属するグループに共通する特性のことを言います。出身国のほか、地域、性別、世代、職業といった項目があります。みなさんも「関西人にありがちな〜」とか、「女性ならではの〜」とか、「Z世代特有の〜」といった言い方を耳にすることがありますよね。これらはすべて、「グループ共通の文化」を言い表したものです。

一方、「人類共通の普遍的な考え方」というのは、万国共通の価値観のことです。たとえば、「苦しんでいる人を見たら助けようとする」「小さいものを見たら可愛いと思う」「笑顔は人を気持ちよくする」といった考え方は、どの国の人も持っています。

だから、「国によってそんなに大きく変わらない」という意見は、一面的には正しいといえます。誰もが人類共通の普遍的な考え方を持っているからです。

また、「同じ国でも全く違うタイプの人はいる」という意見も間違いではありません。「個人の性格」が影響を及ぼす面があるからです。あくまで**3つの要素の組み合わせで人の特性は決まります**。

いまからお話しするのは、❷の中の「出身国」についてのみです。「同じ出身国の人の共通点をまとめると、こんな傾向が導き出される」ということを言うにすぎません。❶や❸、あるいは❷のほかの項目の影響が強い人は、その国の一般的な特性とは違ってきます。だから、あくまでも「**同じ出身国の人でも例外は多くある**」ことを前提にお読みください。「同僚の○○人はこんなことしない。だからこの話は間違っている」という反論は、くれぐれもやめてくださいね（笑）。

【図表6】人の言動に影響を与える要素

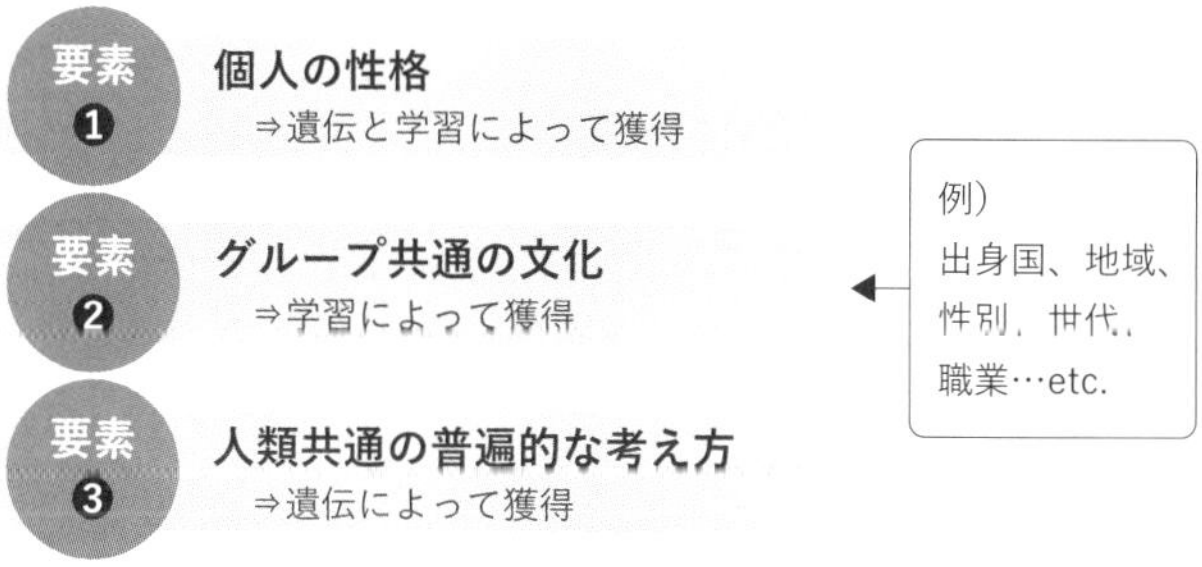
要素❶
個人の性格
⇒遺伝と学習によって獲得
要素❷
グループ共通の文化
⇒学習によって獲得
例）
出身国、地域、
性別、世代、
職業…etc.
要素❸
人類共通の普遍的な考え方
⇒遺伝によって獲得

出所：『多文化世界』（G・ホフステードほか、有斐閣）をもとに著者加筆

12

中国人はとにかく「メンツ」が命と心得る

八方美人はうまくいきません…

「中国人と接するときに、一番気をつけたほうがいいことは何か？」

こう聞かれたら、私は迷いなく「メンツ」と答えます。**中国人は、とにかくメンツにこだわるからです。**そのこだわりは、日本人とは比較になりません。**「メンツを失ったら生きていく価値はない」と言い切る人もいる**くらいです。だから、一度でも相手のメンツをつぶしてしまうと、そのしこりは長く残り続けます。

なぜそれほどメンツが大切なのか。スズキ元中国代表の松原邦久氏は、著書『チャイナハラスメント』（新潮社《新潮新書》）の中でこんな分析をしています。

中国社会では法律は平等に適用されませんので、いったん世間に対するメンツが傷つくと回復するのは至難の業。メンツを失って何も反撃ができないときは「力のない人間」と評価され、一生静かにおとなしく生きていくしか方法がありません。メンツを失ったことはやがて居住地区に広まり、人目を避けて生活するしかなくなります。中国人にとって、メンツは生存権にかかわっているのです。

このように、中国人のメンツへのこだわりは社会の根源的な仕組みに根ざしています。簡単に妥協できるものではないのです。

では、具体的にどんなことがメンツにかかわってくるのか。以前、当社で調査をしたことがあるのでご紹介します（【図表7】中国人のメンツに関するアンケート）。

まずメンツが満たされるのは、ひと言で言うと、**自分が特別視されたとき**です。「人前でほめられる」「周囲より自分がよい評価を受ける」など、自分が特別扱いされたときに満足度が高まるといいます。

一方、メンツがつぶされたと感じるのは、**人前で恥をかかされたとき**です。「自分だけ叱られる」「間違いを指摘される」といったことがあれば、相手に強い怒りを覚えるようです。

メンツの内容は人によって違います。日本人からしたら、「なぜ？」と思うようなことにこだわりを持つ人もいます。アンケート結果にもあるとおり、「自分だけ会合や飲み会に呼ばれない」とか「メールのCCに自分のアドレスだけ入っていない」といったことに、こだわる人もいるくらいです。

悪気なく取った言動が相手のメンツをつぶし、その後の関係が決定的に悪くなってしまうことがありますので注意が必要です。

中国人と接するときは、「あなたを大切に思っています。軽視していません」というメッセージを、こまめに伝えるようにしましょう。「気を使うより、使われるほうが上」という意識を持っている人が多いので、折にふれて相手を特別視したほうがいいのです。

こうした配慮を怠ると、知らぬ間に関係がギクシャクすることがありますので、くれぐれもご注意ください。

【図表7】中国人のメンツに関するアンケート

●メンツが満たされるのは？

内容	人数（人）
人前でほめられたとき	9
自分だけ特別扱いされたとき	8
周囲より自分がよい評価を受けたとき	5
仲間に食事をおごってあげたとき	3
周囲と比べ自分が一番高価な服や装飾品を身につけていたとき	2
高価な贈答品を周囲に渡して喜ばれたとき	1

●メンツをつぶされたと感じるのは？

内容	人数（人）
人前で自分だけ叱られたとき	8
人前で間違いを指摘されたとき	7
人前でバカにされたとき	7
（無能な）同僚が自分より高い評価を受けていると知ったとき	2
自分だけ会合や飲み会に呼ばれなかったとき	2
メールのCCに自分のアドレスが入っていないことを知ったとき	1

出所：キャリアマネジメント研究所「日本で働く中国人へのアンケート」

13

台湾人が一番してほしくないこととは？

相手が嫌がることは言わない、が大原則！

台湾人が一番してほしくないと思っていること。それは、**「中国人扱いをされること」**につきるでしょう。中国人は台湾人に間違われても何とも思わないですが、台湾人は中国人と一緒くたにされることを非常に嫌がります。

2024年に国立政治大学が発表した調査によると、台湾人の中で「自分は中国人」と考えている人は2・4％しかいませんでした。これは、調査を開始した1992年以降で最低の割合です。

「私たちには台湾人としての誇りがある。くれぐれも中国人と一緒にしないでほしい」こうした意識を持つ人は、特に若い世代に増えているようです。

そのため、台湾人を中国人と一緒くたにするような発言はタブーです。以前、私の知人がSNSで、台湾人に「あなたたち中国人は」と発言したところ、「私は中国人じゃない！」と即座に訂正を求められたといいます。そして友達リストから削除されたうえ、ブロックまでされてしまったそうです。まあ、必然の結果ですが……。

台湾人と接するときは、中国とのデリケートな関係に細心の注意を払う。これはもう、常識レベルの話です。

14

韓国人がすぐに辞めてしまう職場の共通点

入社が決まってから対策を練りましょう！

韓国人には、いまでも儒教の精神が根づいています。長幼の序を重んじ、相手の年齢が一つでも上であれば、失礼にあたらないよう振る舞います。

そのため、**年齢と肩書が逆転しているケースでは問題が起こりがちです。年少の上司が年長者を指導する状況は、関係がどうしてもデリケートになるからです。**

実例をお話ししましょう。有名な飲食チェーンの話です。

その会社ではある年、大卒の韓国人社員を4人採用しました。将来的な韓国マーケットへの進出を見越しての採用でした。幹部候補生とはいえ、現場の経験は必要です。最初は4人を、主要な店舗にバラバラに配属しました。

ところが、すぐに全員からSOSが入りました。4人とも、かなりフラストレーションがたまっている様子です。話を聞くと、「年下の先輩従業員たちが、偉そうに指図してくるのが我慢ならない」と感じていることがわかりました。何度か面談の場を設けたものの解決には至らず、結局4人とも短期間で辞めていったそうです。

韓国人社員の受け入れ先でこうした逆転現象が起きる場合は、事前の対応が必須です。**本人たちに日本のあたり前を教えるのはもちろん、日本人上司にも、韓国人をマネジメントするための教育を施す必要がある**でしょう。

15

ベトナム人の特性を表す「新4K」

家庭円満の秘訣は「カカア天下」ですから…（笑）

ベトナム人の特性は、昔から次の4Kで表せるといわれてきました。

❶【器用】手先が器用で、細かい作業が得意
❷【向上心旺盛】高い目標に向かって努力を続ける
❸【近視眼的】目先のことを重要視し、長期的な視点に欠ける
❹【カカア天下】女性が強く、家庭では妻が主導権を握る

これらのキーワードは、いまも概《おおむ》ねズレはありません。ただ若者の場合は、次の「新4K」のほうが、よりしっくりくるのではないかと思います。

❶【家族思い】家族が何より大切で、家族のために働く
❷【コミュニティ重視】SNSのコミュニティの情報を重視する
❸【金儲け第一主義】少しでもお金が稼げる仕事に飛びつきがち
❹【韓国文化好き】K-POPや韓国ドラマのファンが多い

いまベトナムの若者の間で、出稼ぎ先として韓国が人気だといいます。韓国のほうが日本より稼げて、母国の家族にたくさん送金できることが、SNSで広まっているからなのですが……。ほら、新4Kとぴったり符合していますよね。

16

タイ人を理解するキーワードは「グレンチャイ」

「グレンチャイ」は奥ゆかしさからくるのです

タイ人の特性は、「グレンチャイ」という言葉で言い表せます。グレンチャイは日本語で、「遠慮」と訳されます。昔ながらの上下関係が根づくタイでは、目上の相手に対する気遣いが、コミュニケーションを図るうえでのベースになっているのです。

タイ駐在者必読の書といわれる『タイ人と働く――ヒエラルキー的社会と気配りの世界』（ヘンリー・ホームズ、スチャーダー・タントンタウィー〔著〕、末廣昭〔訳〕、めこん）には、グレンチャイに基づくタイ人の言動について、こんな例があげられています。

❶相手の望みや要求に合わせる
❷相手の邪魔にならないようにする
❸相手を不愉快にさせないため、自分の不快感や怒りを抑える
❹自分の意見や要求を主張するのを避ける
❺目上の人や経験豊かな同僚に指示したり、命令したりするのを遠慮する
❻目上の人や同僚を評価するのを遠慮する
❼相手の言うことが理解できなくても、質問を遠慮する

このようにタイ人は、できるだけ自分を抑えて、無用な衝突を避けようとする傾向があります。第1章で、相手の「できます」を鵜呑みにしてはいけないという話をしましたが、これはタイ人にも当てはまります。ただ、タイ人の場合は理由が違って、**相手をがっかりさせないように、できなくても「できる」と言ってしまう**ようです。言葉の裏に、グレンチャイが隠れているのです。

私自身も、以前こうしたタイ人の特性を実感した経験があります。

日本の会社で働くタイ人のAさんに、私が主催する勉強会に参加してもらおうとお願いしたときのことです。

〜前日に電話で〜

私「来週、タイ文化に関する勉強会をするんだけど、Aさんも参加してくれない？」

A「ああ、いいですよ……」

私「本当に大丈夫？　この時期は忙しいんじゃないの？」

A「まあ、大丈夫です……」

私「ところでAさん、明日の勉強会のことなんだけど」

A「あっ、すいませんが、明日は途中で帰ってもよろしいでしょうか？」

私「えっ、どうして？」

A「じつは次の日に会社の昇級試験があるので、予習しないといけないんです」

私「ええーっ、そうなの⁉　そんな大事な試験があるなら、最初から言ってくれればよかったのに……」

A「スケジュールを調整すれば何とかなると思ったんですが。やっぱり無理でした」

私「まあ、その気持ちはありがたいんだけど……」

私は苦笑いするしかありませんでした。おそらく彼女は、できるだけ私の期待に応えようとギリギリまで頑張ったのでしょう。

まさにこうした対応が、タイ人のグレンチャイの典型なのです。

自分よりも年少のタイ人とコミュニケーションを取るときは、**「イエス」の返事を鵜呑みにしないほうがいいでしょう。態度やしぐさも併せて見ながら、言葉の真意を正しく読み取らないといけません。**そして普段から、何でも遠慮なく言うよう、繰り返し伝えておく必要もあります。

17

インド人が驚くような行動をするワケ

成功を起点に考えるので、NGはありません

「何でもダメ元でやって、結局ダメな結果に終わる」
「大きな仕事をするときでも、準備や段取りをあまりしない」
「はた目には難しそうでも、絶対にノーと言わない」

これらは、インド人と働いた経験がある日本人が語る「インド人あるある」です。

インド人の中には、日本人から見ると驚くような行動をする人がいます。ただ、それで「インド人はおかしい」と決めつけてはいけません。こうした行動の背景には、ちゃんと理由があるからです。

インド人のマインドには、「ジュガール」という生きる知恵が浸透しています。目の前で起きたトラブルは、目の前にある資源を使って乗り越えられるという発想です。

多くのインド人は、「必要な資源がなくても、ジュガールを発揮して工夫すれば解決できる」と考えています。英国レガタム研究所の調査によれば、インド人ビジネスパーソンの81％が、「成功できたのはジュガールのおかげ」と信じているといいます。

ジュガールは、予定したプロセスを順番に積み重ねていく日本人のやり方とは真逆の発想です。だから、「日本人とインド人を足して2で割ったら、最強のビジネスパーソンになる」というジョークを言う人もいるくらいです（笑）。

18

インドネシア人はなぜ「世界一怒らない人たち」なのか？

田中くん インドネシア人には怒らないこと
感情的になると軽蔑されるそうだから
わかりました！ 感情を出しません
チコクしました！
スミマセン！
1時間も！
無表情
ウム…
書類をナクシマシタ！
ゴメンナサイ
うっかり！
無表情
ウム…
田中さんって感情がナイネ
アブナイかも
え
!?

隠すのは「怒りの感情」だけでOKです

インドネシア人は、「世界一怒らない人たち」といわれます。彼ら彼女らは怒りの感情を表に出すことを避け、つねに穏やかで冷静な態度を心がけます。インドネシア人の中に、**調和を重視し、感情を抑えることをよしとする価値観があるから**です。

以前テレビ番組で、「街で肩がぶつかっても怒らない国」のランキングを紹介していたのですが、世界1位にランクされたのはインドネシア人でした（ちなみに2位はフィンランド人、3位が日本人）。

2019年にガジャマダ大学が実施した調査でも、「怒りを抑えることが重要」と考えるインドネシア人の割合は、92・3％に達しました。怒りは人間関係を壊したり、社会の秩序を乱したりする原因になると考える人が多いといいます。

だから、くれぐれも**インドネシア人の前で怒りの表情を見せてはいけません**。感情的な態度を示す人に、彼ら彼女らが信頼や尊敬の気持ちを抱くことはありません。むしろ、**「感情をコントロールできない弱い人間」と軽蔑されるのがオチですから、怒っても損しかないでしょう**。インドネシア人をマネジメントする際は、とにかく感情的にならないことがポイントです。

19 ネパール人のモチベーションを上げる最善の方法

ネパール人
長く日本で働けるようガンバリマス!
修業シマス!
修業その1
納豆
ねばる〜
クサイ〜
ウ〜
ネバネバ
修業その2
塩辛
ぬるぬる〜
気持ちわるい〜
修業その3
くさや
クサッ
うちは飲食業じゃないんだけど…

その心意気を買おうじゃないか!

日本を目指すネパール人が激増しています。特に留学生として来日するケースが目立ちます。最近のニュースでも、ネパール人留学生の数が、中国人留学生に次いで2番目に多くなったことが報道されました。

とはいえ、すぐに帰国するつもりで留学に来るネパール人はあまりいません。卒業後も引き続き、日本で生活したいと思っている人が大半でしょう。

2023年に公表された出入国在留管理庁の調査結果でも、「10年以上日本に滞在したい」と考える在日ネパール人の割合が85％に達しました。これは調査対象10カ国の中で、一番高い割合です。ネパール人の多くは、永住権を取ってできるだけ長く日本にいたいと考えているのです。

理由はネパールの経済状況にあります。長く続いた内戦とネパール大地震の影響によって、国に戻っても条件のよい就労先が見つからないのです。というか、そもそも国内に仕事がないので日本に来ている、といったほうが正しいでしょうか。

そのため**ネパール人に対しては、「長く日本にいられる環境をつくってあげる」ことがインセンティブになります。たとえば正社員としての長期雇用を約束すれば、彼ら彼女らのモチベーションがグンと上がるのは間違いない**でしょう。

20

ミャンマー人が日本人とフィーリングが合う納得の理由

近い将来、本当にこうなるかもしれません…

ここ数年、以前よりミャンマー人が増えていることにお気づきでしょうか？

じつはいま、ミャンマーの政治が混乱状態にあるため、国を出て日本に来る若者が急増しているのです。

ミャンマー人の特性には、日本人と似た点が多くあります。アジアでビジネスをしている日本人に聞いても、「これほどフィーリングの合う外国人はいない」と声をそろえるほど。

というのもミャンマー人は、「忍耐強い」「きれい好き」「献身的」など、日本の職場に馴染みやすい特性をたくさん持っているのです。遵法意識が高く、犯罪を犯す人が少ないのもミャンマー人の特徴です。

これは、**ミャンマー人の9割が信仰する「上座部仏教」の影響が大きい**といわれます。**上座部仏教は、輪廻転生を信じ、現世で徳を積めば来世でよい生活ができるという考え方が基本です。だからミャンマー人は、自己犠牲の精神が強く、人の嫌がることでも進んでやろうとします。**

ミャンマー人が日本企業にフィットしやすいのは、こうした価値観が日本人の好みにピッタリ合うからなのです。

21

バングラデシュ人にはなぜ「超親日」の人が多いのか？

共通点が多いと、親近感が増しますね！

「親日国」と聞いて、みなさんはどの国を思い浮かべますか？　台湾、タイ、ベトナム、インドネシア、ミャンマーといった国をあげる方が多いかもしれません。ただ、こうした国に負けないくらいの親日国があります。それはバングラデシュです。

以前、ＪＥＴＲＯがダッカ市内の大学生に行ったアンケートでも、日本は「重要な国」「好きな国」「訪れたい国」「学びたい言語」のすべての項目で、上位１〜３位にランクインしました。**じつはバングラデシュは、親日を上回る「超親日」の国なんです。**

１９７１年にパキスタンから独立した際、西側諸国の中でいち早く独立を承認したのが日本だった、というのが一番の理由です。また、度重なる災害に見舞われたときに、日本が多額の援助をしてくれたことを、バングラデシュの人たちはよく覚えています。日本に対する感謝の気持ちを、いまだに多くの人が持っているのです。

近年、日本を目指すバングラデシュの若者が着実に増えてきました。留学生の数はアメリカ人やタイ人を上回り、すでに全体で９番目の多さです。これまでの日本とのかかわりをふまえると、今後さらに日本を目指すバングラデシュ人が増えてくるのは間違いないでしょう。

22

日系ブラジル人は「関心を持つ」ことが相互理解の第一歩

相手の背景や境遇を理解することが、関係構築のスタートに！

日系ブラジル人とは、ブラジルに渡った日本人移民の子孫のこと。１９９０年代から日系2、3世がデカセギとして来日し、現在も約21万人が日本で生活しています。日系ブラジル人は、ブラジルでは「日本人」と見られ、日本では「外国人」として扱われてきました。社会的な偏見と理不尽に苛《さいな》まれてきた人が多いです。

２０２０年にＮＨＫで放送された『ワタシたちはガイジンじゃない！』という番組では、日系ブラジル人が感じる日本社会の不条理が詳しく描かれています。メインキャストを務めるイッセー尾形さんの一人芝居の中で、「日本人はフリオ（冷たい）」というセリフが何度か使われます。日本人がいかに日系ブラジル人に無理解で、彼ら彼女らに無自覚の差別意識を持っているかがわかります。

げんに前回の国勢調査のアンケートでも、「日系ブラジル人と交流したことがある」と答えた日本人は16・４％にすぎませんでした。彼ら彼女らに対するこうした意識が、この結果を生んでいる気がします。

だから、まずは**相手の背景や境遇に関心を持ち、理解を深める機会をつくっていく。**これが日系ブラジル人と関係を築くうえで、何より大切な心がけといえます。

23

アメリカ人にとっては「謝罪」＝「責任を取る」ということ

アメリカでは、謝ることは「負けを認めるようなもの」なんです

歴史が数百年しかない移民国家のアメリカでは、国民全員が共有する文化的特徴が少ないといわれます。つまり、どんな考え方をするかわからない相手が、たくさんいるということです。そのため自分の考えは、一つひとつ明確に伝える必要があります。そうしなければ、無用の行き違いが生じる可能性が高いからです。

これに関して、異文化マネジメントの第一人者、エリン・メイヤー氏が、著書『異文化理解力』（英治出版）の中でこんなことを述べています。

アメリカでは、人々はできるだけ字義通りかつあいまいさのないコミュニケーションをするように（ほとんど無意識のレベルで）訓練されている。よいコミュニケーションとは、何より明確であいまいさのないもののことであって、メッセージを正確に伝えることが、コミュニケーターの責任として重要視されている。

このように、アメリカ人のコミュニケーションは、言葉の内容ですべてを判断します。言外の意味を汲み取る必要なんてありません。

そのため日本人のあいまい表現は、とりわけアメリカ人には誤解が生じやすいので要注意です。

たとえば知人の依頼を断わるときに、こう返答したとします。

「お受けしたい気持ちはあるんですけど、いまバタバタしているので厳しいです……」

相手が日本人であれば、この言い回しで断っていると気づいてくれるはずです。よほどの重要案件でない限り、再度同じ要求をしてくることはないでしょう。

でもアメリカ人は違います。

「『お受けしたい気持ちがある』のに、なぜやってくれないの？」

「いつになったらバタバタの状態が終わるの？」

「厳しくても、私のお願いなんだからやってくれるよね？」

こんなふうに、言葉尻をとらえられる可能性が少なからずあります。

だからアメリカ人には、何でもストレートにきっぱり伝えるのがマストです。イエスかノーかわからない、否定のようで肯定にも受け取れる返答は、無用の誤解を招くだけですからやめてください。

また、謝罪の意味の違いも知っておいたほうがいいでしょう。調和を重視し、できるだけ対立を避けたい日本人は、いとも簡単に謝罪の言葉を口にします。おそらくみなさんも、自分に非がなくても、「すみません」「ごめんなさい」と言ってしまうのではないでしょうか。謝罪の言葉を口にする心理的ハードルが、かなり低いですよね？

この点に関しても、アメリカ人は違います。本当に悪いと思っていない限り、謝ることはありません。

たとえば、野球でピッチャーがバッターにデッドボールを当てたとき、日本では帽子を取って謝るのが慣例です。でもメジャーリーグでは、ピッチャーが謝ることはまずありません。「わざとぶつけたわけじゃないから、謝る必要はない」というのがアメリカ人の考え方だからです。「よい関係を維持するために、とりあえず謝っておこう」と考える日本人とは対照的です。

アメリカ人は、「謝罪する」＝「自分の非を認める」＝「責任を負わなければならない」と考えます。謝罪の重みが日本人とずいぶん違うのです。

だから、一緒に働くアメリカ人が全然謝らなくても怒ってはいけません。「これがアメリカ流」とスルーするのが無難でしょう。

Column ②

日本語習得能力が高いのはどこの国？

第4章で詳説しますが、一般に日本語は習得するのが難しい言語とされています。ただ、母語と日本語にどれくらい類似性があるかによっても、習得のスピードは変わります。**カギになるのは「漢字」と「文法構造」と「発音」**です。

たとえば中国人、台湾人は、同じ漢字圏の国・地域なので、日本語習得能力は高いです。韓国人、ミャンマー人、モンゴル人も、母語の文法構造が日本語と似ているので習得が早いといわれます。

なかでも、韓国人の日本語習得能力の高さは有名です。学習を始めて1年くらいしかたっていないのに、日本語を流ちょうに操る韓国人は珍しくありません。韓国語は文法構造だけでなく、時制や否定表現も日本語と類似しているからです。加えて、発音と意味が日本語とそっくりな単語も1000個以上あります。たとえば「微妙な三角関係」は、韓国語で「ミミョハン サンガクカンケ」と発音し、意味は全く一緒です（笑）。

そして、韓国人が日本語をすぐに習得できるということは、その逆もしかりです。**日本人にとっても、韓国語は最も習得しやすい言語の一つ**といわれています。

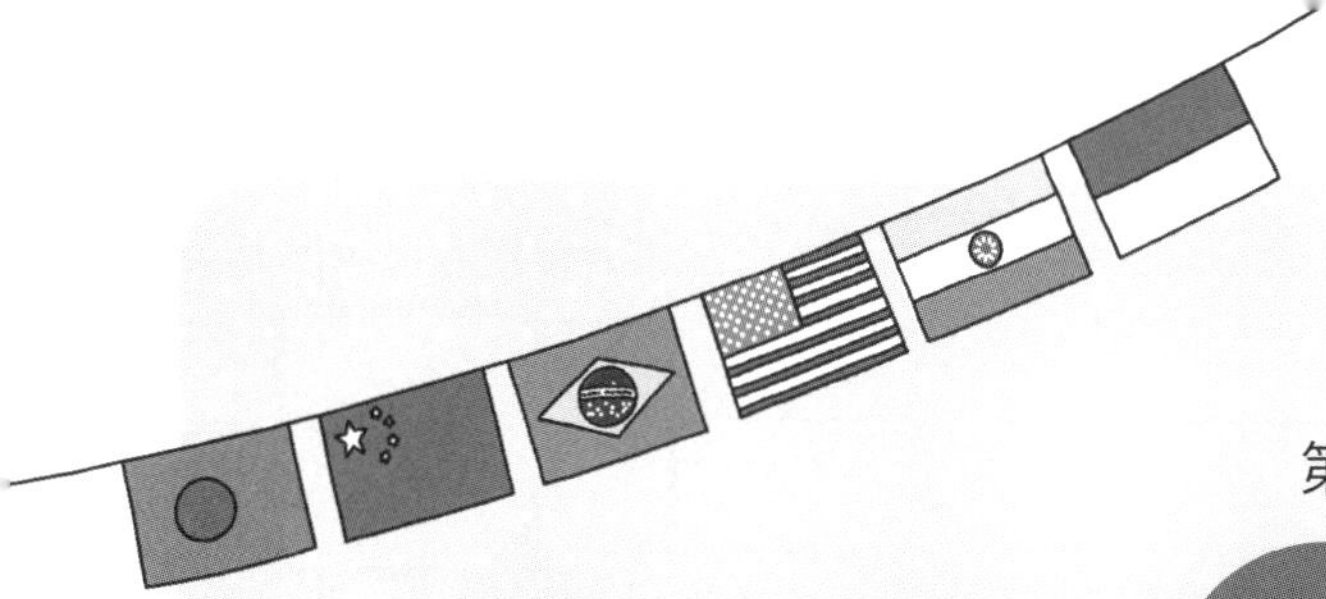

第3章

考え方編

「異文化の壁」はこうして乗り越える

24 異文化コミュニケーションは氷山にたとえられる

非常識に思える行動には、たいてい「理由」が潜んでいます

異文化の相手とコミュニケーションを取るときは、文化の氷山モデルと呼ばれる考え方をベースにしてください。氷山って海に浮かんでいるデカい氷のことですが、あの形状が異文化コミュニケーションを説明するのにうってつけなんです。なぜって、氷山は水面下のほうが容積が大きいですよね。そこがミソです。

まず、みなさんにこの話の前提となる質問をします。

初めて会った相手を見定めるとき、何を判断材料にしていますか？　好き嫌いや善悪の判断につながっているのは、どんな点でしょうか？

おそらく、相手の「言葉」や「態度」で判断することが多いのではないでしょうか。「彼女はずっとニコニコしているから、心がやさしい人に違いない」「彼はいちいち反論してくるから、けっこう面倒くさい性格なんだろうな」といった感じです。でも、これはなにも特別なことじゃありません。たぶん世界中の多くの人が、同じ考え方だと思います。

ただ、目に見えている言動や態度だけで、相手を評価するのは間違いのモトです。どんな人でも、「価値観」「生活習慣」「信仰」といった要素を内面に秘めているからです。

こういった点がわからないと、相手を正しく評価することはできません。**特に異文化の相手は、こうした要素が自分たちとずいぶん違っているので注意が必要です。**

このさまを氷山になぞらえたのが、アメリカの文化人類学者エドワード・ホールが提唱した、「文化の氷山モデル」です。水面上の部分が「言葉」や「態度」、水面下の部分が「価値観」「生活習慣」「信仰」といった要素になります。割合としては、目に見えない後者のほうが断然大きいです。「氷山の形状が異文化コミュニケーションを説明するのにうってつけ」と言ったのは、ここに理由があります（【図表8】文化の氷山モデル）。

異文化の相手の場合、この水面下の部分を理解しないまま、水面上の部分だけですべてを判断すると必ず評価を間違えます。

【図表8】文化の氷山モデル

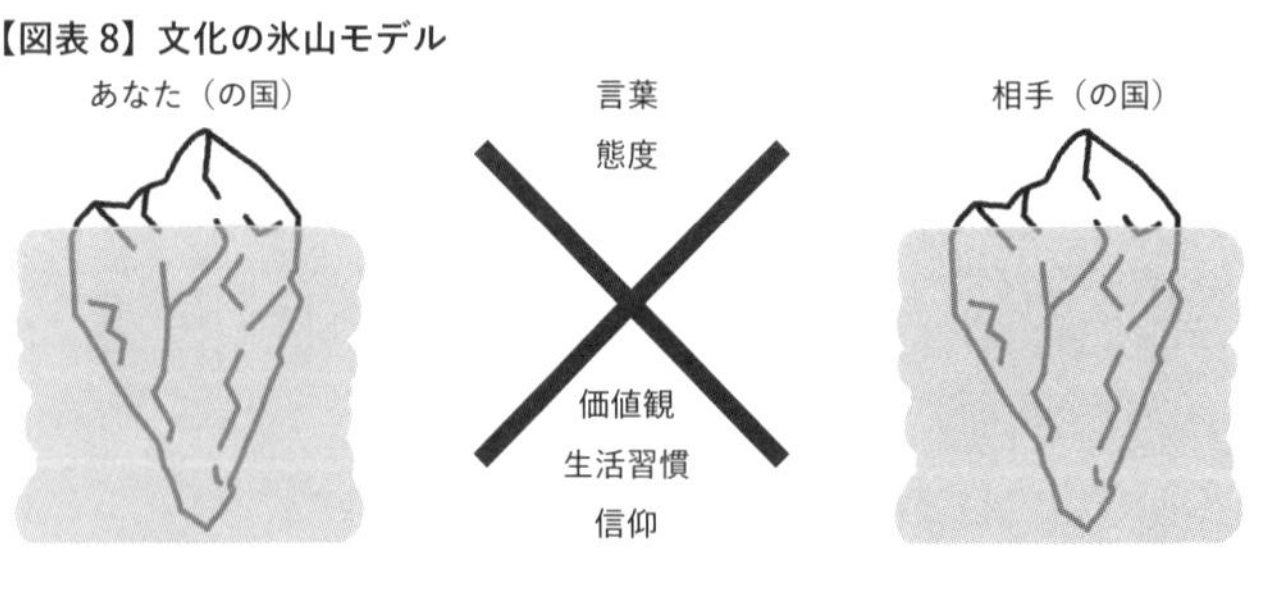

一つ、具体的な例をお話ししましょう。

初めてベトナム人と接したとき、会話中にやたら舌打ちをされるので、面食らうことがあります。「自分は普通に接しているのに、なんで彼は舌打ちをするんだ?」と、相手を訝《いぶか》しく思う場面がきっとあるはずです。

ただベトナム人は、つねに**ネガティブな意味合いで舌打ちをしているわけじゃない**んです。美味しい料理を食べたときや、きれいな景色を観たとき、サッカーの試合で選手が好プレーをしたときにも舌打ちをします。**「うわー、すげー、ヤバい」**という意味で「チッ、チッ」と舌を鳴らすのです。

ベトナム人のこの習慣を知らなければ、「人前で何度も舌打ちをするなんて、本当に失礼なヤツだ」と感じるはずです。マイナスの印象を持ってこのベトナム人と接しますから、なかなかコミュニケーションは深まらないでしょう。

だから、違和感を覚える出来事があったときはまず、自分が知らない事実が裏に隠れているかもしれないと思ってください。**異文化の相手とうまくコミュニケーションを取るには、水面下にある相手のあたり前を正しく理解することが必要**なのです。

25

日本人は「きっと同じはずマインド」を共有している

世界は、「日本と異なる慣習」であふれている

日本は島国で、他民族から完全に侵略されたことがない、ほぼ単一民族の国です。鎖国をしていた時代も200年以上あります。だから日本人は、他国と比べて同質性が高く、似通った言動をする人が多いといわれます。

そのため日本人同士が初めて会うとき、「価値観の根本は変わらない」という前提で接しても、大きな齟齬《そご》が生じることはありません。この前提を、私は**「きっと同じはずマインド」**と呼んでいます。**多くの日本人が共有するこのマインドが、異文化の相手とコミュニケーションを取るときの妨げになっている**感じがします。

人は誰しも、自国の文化を中心に善悪の判断をする傾向があります。無意識のうちに、自分たちと同じやり方をする人を「正常」と考え、違うやり方をする人を「異常」と思い込んでしまうのです。

きっと同じはずマインドを持つ日本人は、この傾向がさらに強くなります。

異常はしだいに苦手に変わり、あげくの果てには違いのある相手に嫌悪感を抱くこともあるでしょう。だから異文化の相手と接するときは、最初から**「自分たちと違うやり方をするのはあたり前で、異常なことではない」**と考えるべきなのです。

26

違いは決して「間違い」ではない

「新たな発見」は、違いに寛容な風土から生まれる

「きっと同じはずマインド」を持つ日本人は、違いに敏感で、異論や異様を問題視しがちです。組織のリーダーが重んじるのは、メンバーの「調和」。日本はいまだに、違いの大きな人が生きづらい社会環境にあるのは確かです。

知り合いの中国人は、「日本の会社は同調圧力が強くて窒息しそうだ」と、言っていました。周りに合わせられる人でなければ、評価されない風潮があるというのです。

しかし、はたしてこれでいいのでしょうか？ よかれと思って異を唱えても、「チームの方針と違うからダメ」「ほかのメンバーが反対しそうだからダメ」と却下されることが続けば、しまいに何も言えなくなります。こんな集団からは、新たな発見やイノベーションなんて、いつまでたっても生まれるはずがないですよね。

私たち一人ひとりが、少しずつでも違いに寛容になるよう努めるべきです。「自分の意見と違うけど、この考え方は面白い！」と、異論を受け入れていくよう心がけましょう。**違いは決して「間違い」ではなく、むしろ新たな気づきや発見の源泉になる**のですから。

27

違いをふまえて2割カスタマイズする

聞き方をちょっと変えるだけで、課題が浮き彫りに！

異文化の相手とコミュニケーションを取るとき、やり方は日本人同士の場合と大きく変わりません。ただ、育った環境に違いがありますから、これまでと全く同じやり方ではうまくいかないケースが出てくるのは当然です。

そのため異文化の相手の場合は、コミュニケーション方法を部分的に変える必要があります。全体の8割はいままでと同じやり方でかまいませんが、残りの2割は違いをふまえてカスタマイズしたほうがいいでしょう（【図表9】異文化コミュニケーションの考え方）。

180度ガラッと変える必要はありませんので、ご安心を。従来のやり方に少し手を加えるだけで十分です。

具体的にどこをどのようにカスタマイズすべきかについては、次ページ以降で詳しく解説します。

【図表9】異文化コミュニケーションの考え方

28

まずは自分の中の「思い込み」に気づく

「思い込み」や「偏見」は異文化コミュニケーションの敵

とある飲食店の話です。40代の男性店長Aさんは、これまで日本人だけの職場で働いてきました。人手不足の折、やむにやまれず外国人スタッフを受け入れたものの、そのマインドはつねに誤解と偏見に満ちていました。外国人スタッフに対し、悪気なくこういった言葉を投げかけていたそうです。

「どんなにお金がなくても、お客さんの残したものを食べちゃダメだよ」
「あなたの国では、トイレから出た後にちゃんと手を洗うの？」
「あなたの国には『おもてなし』って言葉はなさそうだけど、意味わかる？」

こんなことを言われて、カチンとこない人はいないでしょう。モチベーションはダダ下がりです。多くのスタッフが、すぐに辞めてしまったのは言うまでもありません。

職場の人間関係が決定的に悪くなる一番の要因は、外国人に対する日本人上司の無理解です。思い込みが激しくて、相手を正しく理解しようとしない人が上司だと、コミュニケーションが円滑になるわけありません。

まずは、思い込みや偏見を持たずにフラットに接すること。これが異文化コミュニケーションを成功させるうえで、何より大切な心がまえといえます。

29

外国人に「沈黙の美徳」は通用しない

「暗黙のルール」は、典型的な「日本人のフシギ」ネタ

以前、日本で働くアメリカ人が、こんな嘆息をもらしていました。

「会議中に同僚の発言を黙って聞いていた人が、会議が終わってから、その同僚の発言をダメ出しするるんです。『アイツは何もわかっていない』と毒づきながら、どこがどうダメなのか熱く語り始めるわけです。でも、これっておかしくないですか。なんで本人の前ではっきり言わないのでしょうか。本人に直接意見をぶつけて議論したほうが、間違いなく建設的だと思うんですけど……」

この類《たぐ》いのエピソード。日本で働く外国人からしょっちゅう耳にすることがあります。外国人を困惑させる、典型的な「日本人のフシギ話」といえるかもしれません。

和の精神を持つ日本人は、面と向かって異を唱えることを避けようとします。そして、その場では沈黙を貫いておきながら、裏では思いっきり反対意見を口にします。ただこうした二面性のある対応は、外国人にはとてもわかりにくいです。

もし異論があるなら、その場で逐一、自分の意見を発信したほうがいいでしょう。二面性のある対応は、無用の混乱や不満を生じさせる可能性があります。

外国人に「沈黙の美徳」は通用しないと思ったほうがいいのです。

30

自己主張は「わがまま」ではない

「隠遁の術」は、いずれ必ず上司に見破られます…

評定面談の場で、部長の田中さんが部下のサムさんに今期の評価を伝えます。

田中部長「サムさん、あなたの評価は5段階中の4でした」
サムさん「えっ、5じゃないんですか!? 個人目標はちゃんと達成しましたよね？」
田中部長「後輩への指導が若干足りないと感じたので、そこが減点となりました。もう少し後輩の面倒を見てくれたら、次回は評価を上げるつもりです」
サムさん「私の指導のどこが問題ですか？ 聞かれたことには全部答えていますよ」
田中部長「それはわかっているけど。聞かれなくても教えてあげてほしいんだよね」
サムさん「それは職務規定書に書いてありましたっけ？ そもそも、なぜ後輩に何でもかんでも教えないといけないんですか？ 納得できません」
田中部長「（まごまごしながら）確かに規定にはないけど。チームのレベルの底上げが、部全体の目標になっているのは知っているよね？」
サムさん「それが個人の評価にも影響するなんて、どこにも書いてないですよね？とにかくこの評価は受け入れられないので、考え直してください！」
田中部長「そんなこと言われても……」

あらら田中部長、完全にやりこまれてしまいました。日本人部下であれば、ここまでの逆襲を受けることはないのでしょうが……。

和の精神を持つ日本人は、意見をぶつけ合うことを避ける傾向があります。意見の対立はマイナスのほうが大きいからです。主張が強すぎると相手から疎《うと》んじられ、関係がギクシャクしかねません。だから同意できなくても異論を唱えず、何とか落としどころを見つけようと心がけます。

よい話し合いのキーワードは、「穏便」「なごやか」「平和的」。みなさんも話し合いの場では、波風を立てないことを優先しているのではないでしょうか。

外国人材の場合は、必ずしもそうとは限りません。サムさんのように、日本人にはあまり見られないリアクションをする人をたまに目にします。

激しい競争社会で育った人にとって、主張するのはあたり前のことです。**自らアピールしないと生き残れない環境**だからです。また、多様な人が共存する「周りと違ってあたり前の社会」では、思ったことを口にしないと自分の存在が認められません。このような社会では、自己主張は競争に勝つために不可欠な手段となります。日本で働く外国人の中には、こうした環境で育った人が少なからずいるのです。

気をつけるべきなのは、**こうした自己主張をわがままと捉えないこと**です。日本では、主張が激しい人は「自己中《じこちゅう》」と言われます。自己中イコールわがままと決めつけて、独善的な言い分を戒《いまし》めようとする風潮があります。ただ外国人材の中には、わがままでなくても主張が激しい人がいるのは先述のとおりです。そこは、相手の真意をちゃんと汲み取らないといけません。

確かに、部下の主張にいちいち対応するのは面倒なものです。ただ、くれぐれも感情的には反応しないでください。「自分勝手なことばかり言うな！」と一蹴したらダメですよ。そこは上司としての真価が問われる場面です。

まずは相手の意見にしっかり耳を傾け、一つひとつ丁寧に説明と説得を重ねることが大切です。相手の気持ちを理解し、ちゃんと承認していることを伝えれば、話し合いは平行線のままにはならないでしょう。

31

イライラの感情が「負の連鎖」を生む

どうせなら「笑顔の輪」を広げよう！

上司がブスッとした顔で座っています。明らかにイライラしている様子です。恐る恐る仕事の報告に行った部下が、案の定、餌食となりました。ささいなミスを見つけられ、そこから長時間の説教タイムが始まってしまいました。オーマイガー！

部下の気分は最悪です。「なんでこんな目に遭わなきゃいけないんだ」と自分の不運をボヤくことしきり。結局その日は、何をやってもうまくいかない一日となりました。

感情は伝播するといわれます。笑顔で接すると相手も笑顔になり、不機嫌そうに接すると、相手も不機嫌になります。これは万国共通です。だから上司がイライラしていると、部下の気分も悪くなり、思わぬミスが生じます。そのミスで上司はまたイライラし、部下を注意することになりますから、もう悪循環でしかありません。**イライラの感情は、何もよい結果を生み出さないのです。**

ちなみにタイやインドネシアでは、怒ってばかりいると「かわいそうな人」と思われるそうです。「この人はまともな教育を受けてこなかったので、こんなに怒ってばかりいるんだろう」と蔑《さげす》まれます。怒っても損しかしないということです。

では、イライラしたらどうするか？ **「深呼吸する」「無理にでも笑顔をつくる」「甘い物を口にする」**。私の経験上、この3つが効果的です。ぜひ参考にしてください。

32

「無自覚の差別意識」が最大の敵

安易な「決めつけ」は、理不尽な差別の始まり…

私は仕事柄、技能実習生がいる会社を訪れる機会が多くあります。実習生が活き活きと働けているかどうかは、彼ら彼女らとともに働く日本人社員と5分も話をすればわかります。実習生について語るとき、たとえばこういった表現が出てきたら、ダメな職場環境と思って間違いありません。

「日本より後《おく》れた国から来た人」
「貧しい社会環境で育った人」
「ちゃんとした教育を受けてこなかった人」

何がダメかって、相手を完全に見下しているじゃないですか（苦笑）。こういう言い方をする人は心の中で、「あなたの国は後れている。だから、あなたもレベルが低い」と思いながら実習生と接しています。だから無意識のうちに、相手を蔑む言葉が口をついて出るのです。当然ですが、自分を下に見る同僚に心を開く人なんていません。こんな暗黙の差別が充満した職場で、実習生が活き活きと働けるわけがないでしょう。

外国人材とうまく協働していくうえで最大の敵になるのが、こうした無自覚の差別意識です。まずはこの意識を完全に取り払うことが、何よりも先決といえます。

33

非を認めない外国人には、何と言えばいい？

日本社会では「非を認められる人」が信用されるのです

明らかに自分に非があるのに、言い訳ばかりする人がいたとき。あなたは、その相手にどんな言葉を投げかけますか？

「まずは謝ったら？」

おそらく、こう言いますよね。日本では、こうした場面では謝罪を求めることが定番になっていますから。

そして相手が、「すみません」「私が悪かった」とひと言でも言えば、「今回は許してやるよ」とトーンダウンしていくのがお決まりの流れです。

ところで、異文化の相手にもこれと同じようにやってないですよね？　もしやっているなら、ぜひやり方を変えてください。外国人の中には、謝罪の言葉を言いたくないと思っている人がいるからです。

特に異質型社会で育った人は、なかなか非を認めない傾向があります。価値観が全く違う人が混在する社会では、いったん自分の非を認めると、どんな不利益が降りかかってくるかわからないからです。「私が悪かった」と口にすれば、「では責任を取ってください」と言われかねません。だから、おいそれとは謝罪の言葉を口にしないのです。この点、できるだけ衝突を避けようとする日本人とは、謝罪に対する心理的ハードルが違います。どんなに非があっても謝らない人は、そうすることが母国にいるときからの習い性になっている可能性があります。

だから、全然謝らない外国人を見て、「素直じゃない」と決めつけてはいけませんよ。もちろん、なかには頑固な性格ゆえに謝らない人もいるかもしれませんが、どちらかというと、**母国のあたり前を日本でもやっている人が多い**からです。

そして、まずは頭ごなしに謝罪を要求するのはやめましょう。「四の五の言わずに謝れ！」と言い立てるのではなく、**「日本では、非を認めたほうが信用される」ことを、詳しく教えてあげるべきです**。「自分は悪くない」とアピールするよりも、素直に謝罪したほうが得であることを腹落ちさせるのです。日本のあたり前をしっかり理解すれば、どんな人でも次第に謝罪の言葉を口にするようになるでしょう。

日本人のコミュニケーション方法には、長く慣習をともにしてきたメンバーだけに通じるやり方が多くあります。そのやり方を、違う慣習で育ってきた相手に押し付けてもうまくいかないのは当然です。

「日本の常識は、世界の非常識」とよくいわれます。昔からある手垢《てあか》のついたフレーズですが、言わんとすることはいまでも本質を突いています。だから、違う常識で育った相手には、まずは日本の常識をしっかり理解してもらう必要があるのです。

外国人と接していると、こちらのあたり前が通じず違和感を覚えることがよくあります。ただ、それだけで「この人とはわかり合えない」と決めつけてはいけません。**相手が日本のあたり前と違う言動をしたときは、日本人の慣習や考え方を丁寧に教えてあげるようにしてください。**

異文化コミュニケーションというのは、お互いのあたり前の違いを一つずつ埋めていくことでもあるのです。

Column ③

5分の遅れでも遅延証明書を発行する日本

日本人は時間に厳しい国民性といわれます。「時間の厳しさは日本人が世界一」と言い切る専門家もいるほどです。

日本には、「時間を守らないと周りに迷惑をかける」「遅刻は相手の時間を奪う」という価値観があり、時間を守らない人は組織やグループからの信用を失います。日本人はコミュニティの信頼や評判を大切にしますので、時間厳守が重要なビジネスマナーになっているのです。

たとえば、電車の到着が5分遅れただけで遅延証明書を発行する国なんて、日本くらいじゃないでしょうか。私はよく東南アジアの国に行きますが、20〜30分到着が遅れることなんてザラにあります。イタリアでも、「珍しく定刻に到着したと思ったら、前日の便だった」という笑い話があるくらい、遅延は常態化しています。

もっとも、日本人が厳しいのは「集合時間」と「到着時間」に限られます。会議になると予定時間を平気でオーバーすることは、日本で働く外国人の「あるある不満」ですので、ぜひご留意を（苦笑）。

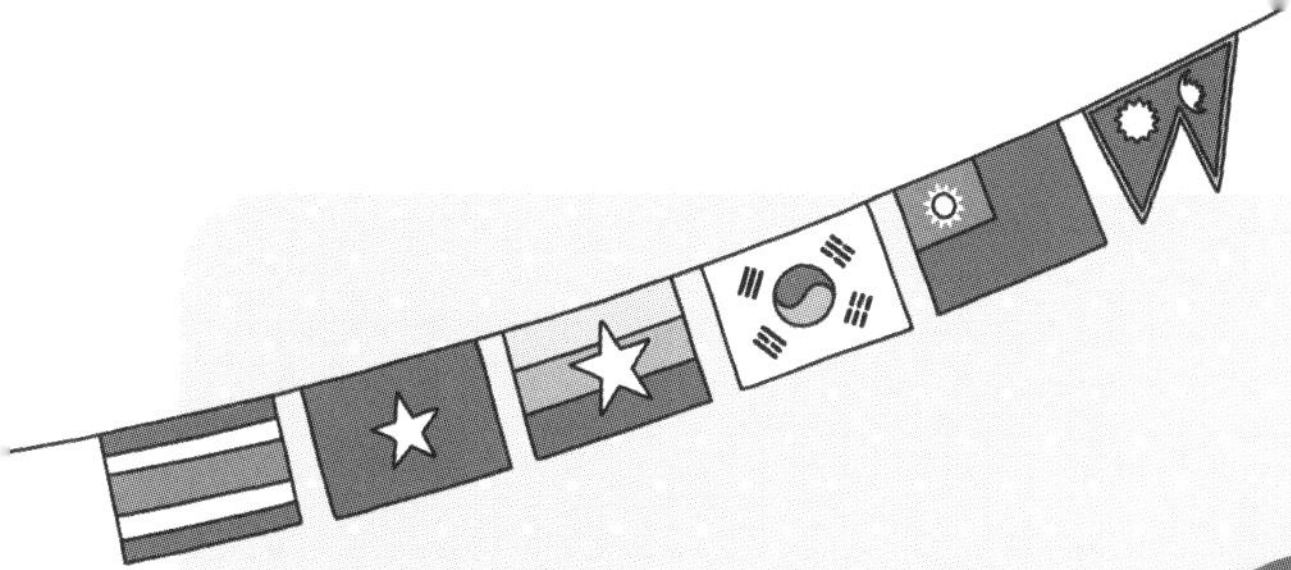

第4章

伝え方編

「異文化の壁」はこうして乗り越える

34

伝わらないのは指示する側の責任

部長 いつもの「あれ」よろしくね
「あれ」ですね かしこまりました
部長
社長
課長「あれ」ね 頼んだよ
はっ 承知しました
課長
係長「あれ」お願いね
はい わかりました
なるはやで
係長
君「あれ」なるはやで
ぜんぜんワカリマセン～
ARE?
NARU HAYA?

「あれ」は外国人には伝わらない

この章では、外国人と日本語で仕事をするときの「伝え方」についてお話ししていきます。

- **指示したことがほとんど伝っていない**
- **指示したことが間違って伝わっている**
- **指示したことは伝わっているようだが、思いどおりに動いてくれない**

外国人が働く職場では、こんな悩みを抱える方が少なくありません。

「何が問題なのか？」 ⇩ 指示する側の、指示の仕方に問題があります

「どうすればいいのか？」 ⇩ 指示の仕方を変えましょう

これが結論です。この2点について、いまから具体的な方法を説明していきます。

あっ、なにも「指示する側が日本人」とは限りませんよ。いまは外国人社員がマネジメント業務に就いているケースが珍しくありません。外国人上司が、自分と違う国の部下に日本語で指示をするケースでも、これから説明する話は当てはまると思ってください。

35

日本語は世界で最も習得するのが難しい？

日本人でも、完璧な日本語を操れる人はそうそういません…（汗）

日本語が全然上達しない外国人社員がいたとします。入社して1年以上たつのに、仕事に必要な日本語を覚えてくれません。そのときあなたは、その人にどんな印象を抱くでしょうか？

「やる気あるの？」と、まずは仕事への姿勢に疑念を持ちますよね。

「ホントに頭が悪いなあ」と、本人の能力に問題ありと判断する方もいるでしょう。

でも、こうした見方は必ずしも正しいとは限りません。そもそも日本語というのは、習得するのがとても難しい言語だからです。

アメリカ国務省の付属機関の調査によると、日本語は「世界で最も習得するのが難しい言語」の一つといわれています（【図表10】英語圏の人の言語習得難易度ランキング）。幼少期から日本語を使っているみなさんにはピンとこないかもしれませんが、外国人が日本語を習得するのは、じつはそんなに簡単じゃないんです。

なぜ難しいのでしょうか？　理由はたくさんありますが、おもにはこんな点があげられます。

❶ 言葉の数が多い

❷ ひらがな、カタカナ、漢字の3つを混用する

❸ オノマトペ（擬音語、擬態語、擬声語）が多い

❹ 同音異義語がたくさんある

❺ 敬語の種類が多く、使い方が複雑

❻ 最後まで聞かないと結論がわからない

❼ 主語や修飾語を省いても文章が成立してしまう

たとえば❶に関していうと、英語を80％理解するのに必要な単語数は3000語程度。一方で、日本語を80％理解するのに必要な単語数は約1万語です。日本語を使いこなすには、英語の3倍以上の言葉を覚えないといけないんです。

❸にしても同様です。「がんがん」「ぐちゃぐちゃ」「ササッと」「ピカピカ」といったオノマトペ

【図表 10】英語圏の人の言語習得難易度ランキング

やさしい ←――――――――→ 難しい

カテゴリー1	…	カテゴリー3	カテゴリー4	カテゴリー5
所要習得時間 約600時間		所要習得時間 約900時間	所要習得時間 約1100時間	所要習得時間 約2200時間
・オランダ語 ・イタリア語 ・ポルトガル語 ・スペイン語 ・スウェーデン語 他		・インドネシア語 ・マレーシア語 ・スワヒリ語	・ギリシャ語 ・ヒンディー語 ・タガログ語 ・ベトナム語 ・ロシア語 他	・アラビア語 ・北京語 ・広東語 ・韓国語 ・**日本語**

出所：アメリカ合衆国国務省 外交官養成局調査

と言いますが、日本語にはオノマトペが5000語近くもあります。一方、英語にはこの類いの言葉は150語程度しか存在しません。つまり、日本語には英語の33倍もオノマトペがあるのです。覚えるのに時間がかかるのも当然でしょう。

❹の同音異義語がたくさんあるのも日本語の特徴です。

日本語の中で、同音異義語が一番多い言葉は「こうしょう」なのですが、「こうしょう」って、何種類の意味があると思います？　ある辞書には、なんと48種類も記載されています！　だから会話の中で「こうしょう」という言葉が出てきたら、聞き手は前後の文脈から、48種類の中のどの意味で使っているか判別しないといけないんです。「厚相が高尚な交渉中に哄笑した」なんて言われたら、もうお手上げですね（笑）。

もちろん、漢字圏の人であれば難易度は下がりますし、日本語の学習を始めるタイミングによっても、習熟スピードは違うといわれます（当然ですが、若ければ若いほど習熟スピードは速いです）。

ただ大前提として、外国人が日本語をマスターするのはそう簡単ではないことは、よく理解しておく必要があるでしょう。

36

「私はウナギ！」でも通じるのが日本語

外国人には、こんなふうに聞こえているんです（驚）！

「私はウナギ！」

日本人ならこれだけで、発言者がどんな場面で何をしているかピンとくると思います。言うまでもなく、飲食店でウナギのメニューを注文するときに使うフレーズです。でもよく考えたら、文法メチャクチャですよね（笑）。日本語初学者に言ったら、「あなた、別の世界に行っちゃったの？」と目を丸くするかもしれません。こんな省略しまくりのフレーズでも意味が通じてしまうのですから、日本語って不思議な言語ですよね。

日本語の会話では、主語、述語、助詞、目的語といった、文法の骨格となる部分が省略されることがよくあります。そして、「省いたところはあなたが補ってよ」とばかりに、聞き手に判断を委ねてしまいます。**相手が省いた部分をお互いに補いながら、話を進めていくのが日本語の会話のスタイル**です。

ただ、こうした省略文を正しく理解できるようになるには一定の時間がかかります。**日本語初学者と会話をするときは、文法どおりに話す**。「伝わらない」を防ぐうえで、まずはこれが大切なポイントになります。

37

新婚夫婦のように、言葉をつくして会話しよう

丁寧すぎるくらいがちょうどいい!

20年連れ添ったベテラン夫婦がいます。一つ屋根の下で暮らし、同じものを見て笑ったり、怒ったり、悲しんだりしてきました。夫婦で会話をするときは、もはや多くの言葉は必要ありません。ニュアンスだけで気持ちが伝わるからです。

たとえばこんなやり取りでも、お互いに意思は通じています。

妻「ねえ、2階に行ってあれ取ってきてくれる？」

夫「はい、はい。あのマッサージ器ね」

〜2階に行って妻に呼びかける〜

夫「おい、ないぞ。どこだ？」

妻「あっ、そうだ。あっちに移動させたんだったわ。奥にないかしら？」

夫「トイレ横のあのスペースってことか？」

妻「そう」

夫「おいおい、あそこにあんなものを置いちゃダメだよ！　書斎のあっち側に置いておきなよ」

妻「何言ってんのよ！　あそこだって狭いから置けないわよ」

夫「そうかなあ……」

この会話、やたらと指示語が多いと思いませんか？　それも「あ」で始まるものばかり。指示語というのは「こ」「そ」「あ」の順に距離が遠くなり、表現の抽象度が上がります。「こっち」よりも「そっち」、「そっち」よりも「あっち」のほうが、ざっくりしていますよね。そして、相手との関係が密になるほど、「あ」の指示語を多用しても意味は通じるようになります。抽象的でも言いたいことが伝わるからです。

先ほどのベテラン夫婦の会話をもう一度見てください。こんな短いやり取りの中に、「あ」の指示語が8回も出てきます。でも、会話はちゃんと成立しています（笑）。あと、言葉がすごく短いですよね。必要最小限の情報しか口にしていません。詳しく説明したほうがいい、なんて心づもりはなさそうです。おそらく、言葉を重ねなくても伝わる安心感があるのでしょう。以心伝心とは、まさにこういう関係のことをいうのです。

ただし、新婚夫婦の場合は、こんなふうにはいきません。お互いをまだ完全には理解できていないからです。育ってきた環境が違います。共有情報も限られています。だから、「はっきり」「詳しく」言わなければ真意が正しく伝わりません。ニュアンスだけではおそらく誤解が生じてしまうでしょう。「で、何が言いたいの？」と、イライラされることもあるはずです。

異文化の相手と働く場合も、全く同じです。特に外国人の場合は、これに加えて言葉の壁が立ちはだかります。相手を理解し、自分を理解してもらうには、最初はとにかく会話量を増やす必要があるでしょう。

このように、異文化の相手と働く場面は、新婚夫婦が一緒に暮らし始める状況と似ています。唯一の違いは、新婚時代はラブラブなので「言われなくても会話量は多くなる」ことくらいでしょうか。でも、じきに会話の量は減っていきます。私は経験者なのでよくわかりますが……(笑)。

仕事で異文化の相手とかかわるときは、ぜひ新婚夫婦のように接してください。**いちいち言わなくてもいい状況を、最初から期待するのは間違いです。ベテラン夫婦のような以心伝心の関係になるには、かなりの時間がかかる**のです。

38 「イエス」か「ノー」かはっきり言う

日本に長く住んでいると、「匂わせノー」も上手になるのね

たとえば、あなたが日本人の同僚から飲みに誘われたとします。そのとき、「ちょっとバタバタしているんだよね」と答えたら、その同僚はどう反応するでしょうか？おそらくあなたが行けない、あるいは行きたくないんだということを察して、それ以上は誘ってこないのではないでしょうか？（よほど重要な話があれば別として）

でもよく考えたら「バタバタしている」って、いまの状態を伝えているだけですよね。ひと言も「ノー」とは言っていなくて、「ノー」を匂わせる空気を発しているにすぎません。察する文化の日本では、こうした空気で伝えるやり方でも、十分に意思疎通が図れてしまいます。

他方、外国人の同僚にこんな返答をしたら、誤解や勘違いを招いてしまうかもしれません。言葉の裏に隠された真意を理解できない可能性があるからです。あなたの意向がわからず、その後も強引に誘ってくることもあるでしょう。だから、「ちょっとバタバタしているので行けないです」と、結論を明確にしないといけないのです。

外国人の同僚に返答するときは、まずは**イエスかノーかをはっきり言うようにしましょう**。そうしないと、ずっと誘われ続けることになるかもしれませんよ（笑）。

39

「行間」を読ませてはいけない

「察してちゃん」は、外国人にも嫌われる

何度もお話ししてきたとおり、日本人はあいまい表現を多用します。あえてぼやっとした言い方をして、「私の気持ちを察してよ」とばかり、相手に判断を委ねるのがコミュニケーションの常道です。やたらと、相手に言葉の行間を読ませます。

たとえば、文章を最後まで言い切らず、「〜ですけど……」で終わらせることって多いですよね。あえて途中で発言を終了させ、前後の文脈で意味を気づかせようとするやり方です。おもなケースをざっとあげてみましょうか。

❶都合を確認するケース

「来月あたり御社に伺いたいんですけど……」（ご都合いかがでしょうか？）

❷許可を求めるケース

「金曜日に有給休暇を取りたいんですけど……」（よろしいでしょうか？）

❸道を尋ねるケース

「すいません、大阪駅に行きたいんですけど……」（行き方を教えてください）

❹抗議をするケース

「当日のキャンセルは困るんですけど……」（こんなことするのはやめてください）

❺ **返答を促すケース**

A「すみません、高橋部長はおられますか？」

B「高橋は現在会議中です。失礼ですけど……」（あなたはどなたですか？）

❻ **行動を促すケース**

「まもなく出発の時間なんですけど……」（早く準備をしてくれませんか？）

❼ **打診を断るケース**

A「今週のどこかで部内ミーティングをやろうか？」

B「今週は忙しいんですけど……」（来週にしてください）

❽ **反論をするケース**

「鈴木さんのお気持ちはよくわかるんですけど……」（私の意見は違います）

❾ **願望を述べるケース**

「東京大学に合格してたらいいんですけど……」（合格していてほしいです）

❿ **判断を回避したい気持ちを述べるケース**

A「メンバー全員で打ち上げをしようよ」

B「私は大丈夫なんですけど……」（ほかのメンバーはわかりません）

⑪ 残念な気持ちを述べるケース

「晴れていたらよかったんですけど……」（天気が悪くて残念です）

⑫ 後悔や反省の気持ちを述べるケース

「あんなところに行かなきゃよかったんですけど……」（後悔しています）

⑬ 不本意な気持ちを述べるケース

「会社の命令であればしかたないですけど……」（本当はやりたくないです）

⑭ 責任を回避したい気持ちを述べるケース

「できることはすべてやるつもりですけど……」（責任は持てません）

こうした「ですけど」で終わらせる言い方をされると、聞き手はどのケースの意味で言っているのか、そのつど判断しないといけません。外国人の中には、言葉の行間を読む慣習がない人もいますから、この言い方では、意図が正しく伝わらない可能性があります。

そのため、**「ですけど……」の「……」の部分は、必ず言語化する必要があります。文章を中途半端に終わらせてはいけないのです。**

40 外国人にとっての「やさしい日本語」とは？

とにかく「シンプルな言葉遣い」を心がけて！

「やさしい日本語」とは、普通の日本語より簡単で、日本語初学者の外国人にもわかる日本語のことです。やさしいには、「優しい」と「易しい」の2つの意味があります。いま多くの企業や公的機関で、やさしい日本語を使う動きが盛んになっています。

「日本語ができないんだったら、英語で会話すればいいいんじゃないの？」

そう思う方がいるかもしれませんが、それは正しくありません。国立国語研究所が、日本に住む外国人に日常生活に困らない言語を尋ねたところ、「日本語」と答えた人が63％いたのに対し、「英語」と答えた人は44％しかいませんでした。外国人だったら誰でも英語ができるわけじゃないんです。むしろ日本語をやさしく言い換えたほうが、意思疎通を図れる可能性が高いのです。

ではー部ですが、やさしい日本語のつくり方をご紹介しましょう。

❶ 難しい表現を避け、簡単な言葉を使う

【例】「帰宅」↓「家に帰る」、「立ち入り禁止」↓「入ってはいけません」

❷ よく使われる言葉、知っておいたほうがいい言葉はそのまま使用する

❸ 一文を短くして、文の構造を簡単にする

【例】「自転車に乗った留学生を見ました」
↓「私は留学生を見ました。彼は自転車に乗っていました」

❹ カタカナ言葉は使わないようにする
【例】「スキーム」↓「計画／枠組み」、「デリバリー」↓「配達」

❺ 擬音語や擬態語を使わない
×「めちゃめちゃ」「がんがん」「どきどき」

❻ 動詞を名詞化したものは動詞文にする
【例】「遅れが出ています」↓「遅れています」

❼「れる」「られる」を使わない
【例】「配られた」↓「配った」、「送れる」↓「送ることができる」

❽ 二重否定の表現は避ける
【例】「使えないことはない」↓「使うことができる」

❾ 文末表現は統一する
「～です」「～ます」「～してください」にする

これらはおもに話すときのルールですが、書き言葉に限ったルール（【例】漢字にふりがなを振る）も別にあります。

「ルールが多くてなんだか難しそう」「現場で使いこなせるかな？」……こう感じた方もいるのではないでしょうか。その直感、間違ってないです。

「日本語を簡単にするなんて簡単だろう」と思いがちですが、やさしい日本語をつくることは、決してやさしくないんです。なかなかうまくいかなくて、途中で挫折した職場を私はいくつも知っています。

だから、普段からの意識づけと職場内の連携が欠かせません。**日ごろから、仕事で使うことが多い言葉やルールについて、「どうすれば伝わりやすくなるだろう」と考える習慣をつける。そして、何が伝わらなくて、どう表現を変えたら伝わるようになったかを、つねにメンバー同士で情報共有をする必要があります。**

日本語初学者の外国人と働く方は、やさしい日本語を使えたほうがいいのは間違いありません。ただうまく使いこなすには、トライ・アンド・エラーを積み重ねる必要があることを強調しておきます。

41

「言語化5割増しの鉄則」で確実に意図を伝える

「あれ」「それ」で省略せずに、重要なことは表現を変えよう

「部長が全然説明してくれないので困っています。いつも『例の件よろしく』って感じで指示されるんですが、そのたびに『何言っているのかわからないよ！』と、心の中で叫びます。確認しようにも、『ミーティングのときに伝えたでしょ！』とか『いちいち言わせないでよ！』と叱られてしまうので、なかなか聞き返せません。いつも同僚に教えてもらいながら探り探りやっているのですが、本当にストレスがたまります」

これは、とある中小企業で働く中国人社員の嘆きです。

日本の職場では、最小限の言葉の量でも仕事は回ります。聞き手が勝手に察してくれるので、しつこく説明しなくても十分に伝わるからです。そのため日本人は、話の繰り返しを避けます。相手に「クドイ」と思われないよう、同じことを何度も繰り返さない人が多いです。

「言わずもがな」の内容も言わないです。相手がわかっている（はずの）ことを念押しするのは失礼と考えるので、何でもいちいち口にはしません。「言われなくてもわかっています！」なんて反論されたら、場の空気が悪くなってしまいますしね。あなたも無意識のうちに、そうしているのではないでしょうか？

ただ、日本語がパーフェクトじゃない外国人に対しては、このやり方だとマズいです。「1回言ったらもう言わない」では、間違いなく行き違いが起こるでしょう。**重要な内容は繰り返すべきですし、「伝わっていないかも?」と思ったら、表現を変えて言い直したほうがいいです。**

また育ってきた環境が違いますから、「言わずもがな」の内容も、日本人とは違う可能性があります。**常識やあたり前と思われる内容でも、いちいち言語化したほうがいいでしょう。**

たとえば、以前ある老講師の外国人社員研修を見学したときのこと。その講師は冒頭で、「ほかのメンバーと議論するときは、節度ある発言を心がけてください」と受講者に呼びかけていました。

「節度ある発言って何?」。後方で見ていた私は、思わずそう呟《つぶや》いてしまいました。もしあなたがこの指示を受けたら、具体的に何をすればいいかわかりますか?

この講師にしてみれば、「常識で判断したらわかるでしょ。そんなの、いちいち言わせないでよ」ということなのかもしれません。でも節度の内容は、日本人でも人によって捉え方が違います。異文化の相手の場合は、さらに多種多様です。いくつか具体例を示さないと、この指示内容を腹落ちさせることはできないでしょう。

とにかく外国人と日本語で話をするときは、普段より言葉の量を増やさないといけません。ボリュームとしては、日本人を相手にする場合の1・5倍くらいにしてくださいそのくらい言葉を重ねないと、こちらの意図する内容が伝わらない可能性があるからです。私はこれを**「言語化5割増しの鉄則」**と名づけ、外国人と一緒に働く方に強く推奨しています。

内容は大きく5つです。あなたも、今日からさっそく実践してみてください。

- **重要な内容は繰り返し話す**
- **伝わっていない可能性を感じたら、表現を変えて言い直す**
- **常識やあたり前と思われる内容でも、いちいち言語化する**
- **5W1Hを省略しない**
- **説明をするときは、必ず「理由」「目的」を話す**

42

ルールは「見える化」しないとスルーされる

職場のルールは「暗黙のルール」にせず「見える化」を！

日本の職場には、外国人材を悩ませる「暗黙のルール」がいくつもあります。
たとえば、

- **定時になっても、上司が退社しないと帰れない**
- **朝礼のときは、どんなに忙しくても全員集合**
- **有給休暇は、年次の高い社員から順番に取る**

理由を聞いても、「昔からの慣習」で片づけられる意味不明なルールばかり。過去に誰かが主観や感情論でつくったものに違いありません。でも違反をすると、確実に白い目で見られるので悩ましい限りです。

学生時代に理不尽な校則に従ってきた日本人社員なら、こんなルールにも免疫があるかもしれませんが……。契約社会で生きてきた外国人材が増えてくると、こうした暗黙のルールは、間違いなく不満の元凶になるはずです。

結論です。**外国人材のいる職場では、ルールは必ず明文化しましょう。言葉で表さない限りルールにならないと思ってください。その際は、理由と目的を明示することもマストです。ルールは内容に納得性があり、徹底的に見える化するの**が基本です。

43

相手に望んでいるアクションは具体的に伝えよう

具体的に指示をしないと、こうなります

「Aルームでトラブルがあったらしいから、確認して来て！」

こう上司から指示されたら、あなたは適切に行動できますか？

「確認って何だよ!?」と思いませんか？　具体的に何をすれば確認したことになるのでしょうか？

この場合、多くの方は過去の経験と上司の性格をふまえて、何が正解かを考えるのではないでしょうか。求められる一番の能力は「推察力」。いかにも日本人的です。

日本人の伝達方法は、聞き手の負担が大きいといわれます。聞き手は相手が言わんとすることを察しながら、会話を進める必要があります。

相手が上司であればなおさらです。上司が言いたいことを推し量るのも、部下の大切な仕事です。上司の指示がざっくりしていても仕事が回るのは、こうした伝達方法に、お互いが馴染んでいることが大きいでしょう。

ただ、これが外国人部下になると、こんなにうまくはいかないはずです。

部下は、自分なりの勝手な「確認」をしてしまい、報告を聞いた上司は、求めていた内容とあまりに違うのであ然とする。おそらく、こんな結果になる気がします。

外国人部下に指示をするときは、望んでいるアクションを明示するのが基本です。どんな行動をしてほしいのか、どんな状態を求めているのか、できるだけ具体的に言うのです。

冒頭の指示は、こんなふうに言い換えてください。

「Aルームでトラブルがありました。いまからAルームに行って原因を調べてください。調べた結果を17時までに、私にメールで報告してください」

この言い方であれば、5W1Hが明確ですから、無用の行き違いを防げるはずです。

ところで、これに関連する面白い余談があります。

以前、日本語が堪能なラトビア人が投稿したX（旧ツイッター）の内容が、ネットニュースに取り上げられたことがあります。投稿では、公共トイレの入り口によくある看板の写真が掲載され、「さすが日本！」という趣旨の内容が書かれていました（【図表11】清掃中の看板）。

何が「さすが」なのか、わかりますか？　このメッセージで意味が通じてしまうところが、「さすが」なんだそうです。思いっきり揶揄《やゆ》されていますす（苦笑）。

確かに、この文章は意味不明ですよね。字義通り受け取ると、「掃除を手伝ってほしい」という意味になりますから。ボランティア精神あふれる人が見たら、逆にトイレの中に入ってきてしまうかもしれません。まさにこういうメッセージが、相手に望んでいるアクションがさっぱりわからない文章の典型です。

日本人ならこの黄色い看板を見ただけで相手が何を求めているかわかりますから、文章がめちゃくちゃでも問題ありません。

でも、文字情報だけで内容を理解しようとする外国人が相手だと、この表現では誤解を生む可能性があります。

「いま掃除中なので、○○時まで中に入らないでください。ご協力をお願いいたします」。こう結論まで言い切らないと、メッセージは正しく伝わりません。

指示するときは、相手に望んでいるアクションを具体的に言わないと行き違いが生じます。二度手間、三度手間になる可能性が大ですので、くれぐれもご注意を。

【図表11】清掃中の看板
（2024年7月著者撮影）

44

説得するときは「利」を強調する

人の心を動かすのは、「情」よりも「損得勘定」

外国人部下を説得するとき、「情」や「一般常識」を盾《たて》にしても効果は少ないです。たとえば、こんな泣き落としは0点です。

「日本では上司の顔を立てるのは当然だよ。頼む！　今回は俺の顔に免じて折れてくれ！」。部下が浪花節《なにわぶし》を理解していれば、まあこれでもいけるかもしれませんが……。

説得効果を上げようと思ったら、「利」を強調するのが鉄則です。相手のメリットまたはデメリットを、これでもかというほど示すのです。たとえばこんな感じです。

【メリットの例】

「○○をすると、評価が上がって給料が増えるよ」

「○○をすると、将来必ずあなたのためになるよ」

【デメリットの例】

「○○をすると（しないと）、損をするよ」

「○○をすると（しないと）、あなたが困ることになるよ」

人の心を動かすのは、「情」ではなくて「損得勘定」です。よくも悪くも、これはグローバルスタンダードといえるでしょう。はい、これ赤線箇所です。

45 相手の「既知」を知り、「未知」の言葉は使わない

相手を知れば、もっとやさしい言い方があると気づけます

この章の最後に、異文化の相手とうまく意思疎通を図るための心がまえをお話しします。

結論から言います。大切なのは、相手の「既知」を知ることです。**相手が何を知っていて何がわかっていないのか、知ろうとする姿勢を持たないといけません。**

会話中に相手から「未知」の言葉が出てきたとき、一瞬、思考が停止してしまうことってないですか？　その後の言葉が全く入ってこなくなることもありますよね。

外国人が日本語で話をしているときも同じです。日本語力がパーフェクトでない外国人であれば、頭が真っ白になります。

だから、**相手にとって未知の言葉は使わないに越したことはありません。どうしても未知の言葉を使わざるを得ない場合は、全体の1割以下に抑えるのが理想です。**

そのためには普段から、何が伝わって何が伝わらなかったのか、しっかり観察する必要があります。そして「これは彼には未知の言葉かもしれない」と思ったら、そのつど「やさしい日本語」に言い換えたり、補足の説明をするようにしましょう。

なお当然ですが、毎日少しずつ未知の言葉は既知に変わっています。知識のアップデートは怠らないようにしてください。

日本は世界一の「ハイコンテクスト文化」

みなさんは、日本人の伝達方法が、世界標準とずいぶんかけ離れていることをご存じでしたか？

本章でも繰り返しお伝えしてきたので、日本人の伝達方法が独特なために、外国人に伝わりにくいことが多々あるのは、すでにご理解いただいていることでしょう。

理解を深めていただくために、ここでは異文化コミュニケーションの基盤となる「コンテクスト」という概念をご紹介したいと思います。これは1976年に、アメリカの文化人類学書エドワード・T・ホール氏によって提唱されました。

コンテクストの直訳の意味は「文脈」や「前後関係」ですが、ここでは**コミュニケーションの基盤となる言語、知識、体験、価値観、嗜好性**といった意味で使われます。

コンテクストはメンバー同士が文化的特徴をどれだけ共有しているかによって決まり、大きく「ハイコンテクスト」と「ローコンテクスト」に分かれます。

それぞれの特徴は、以下のとおりです。

【ハイコンテクスト文化】

メンバー同士のコンテクストの共有性が高く、伝える努力やスキルがなくても察することで通じ合える文化。聞き手に頼る傾向が強いため、次のような特徴がある。

- あいまいな表現を好む
- あまり多くを話さない
- 論理的な飛躍が許される

【ローコンテクスト文化】

メンバー同士のコンテクストの共有性が低く、言語によるコミュニケーションを大切にする文化。話し手の責任が大きいため、次のような特徴がある。

- ストレートでわかりやすい表現を好む
- 寡黙であることを評価しない
- 論理的思考力を求められる

さて、日本はどちらの文化でしょうか？

これはもう、言うまでもありませんよね。日本はハイコンテクスト文化の傾向が強いです。それも、世界的に見てスーパーハイに位置しています。**専門家によっては、「日本は世界一のハイコンテクスト文化」と断言する人もいるくらい**です。

超ハイコンテクストな日本では、日本人同士でなければ通じにくい伝達方法がよく使われます。これまで何度もお話しした「あいまい表現」は、まさにハイコンテクストな日本人の得意技です。ただ、こうした伝達方法は、ストレートな表現に慣れたローコンテクストの相手をしばしば困惑させます。

私たちが認識すべき違いは、向き合う相手のことばかりではありません。他国と比べた私たち自身の独自性も、自覚しておく必要があります。自分たちのやり方がスタンダードと考えていたら、身のまわりは「あれ、おかしいな？」と思うことであふれてしまいます。異文化の相手と接するときは、自らの独自性を自覚したうえでコミュニケーションを取るべきなのです。

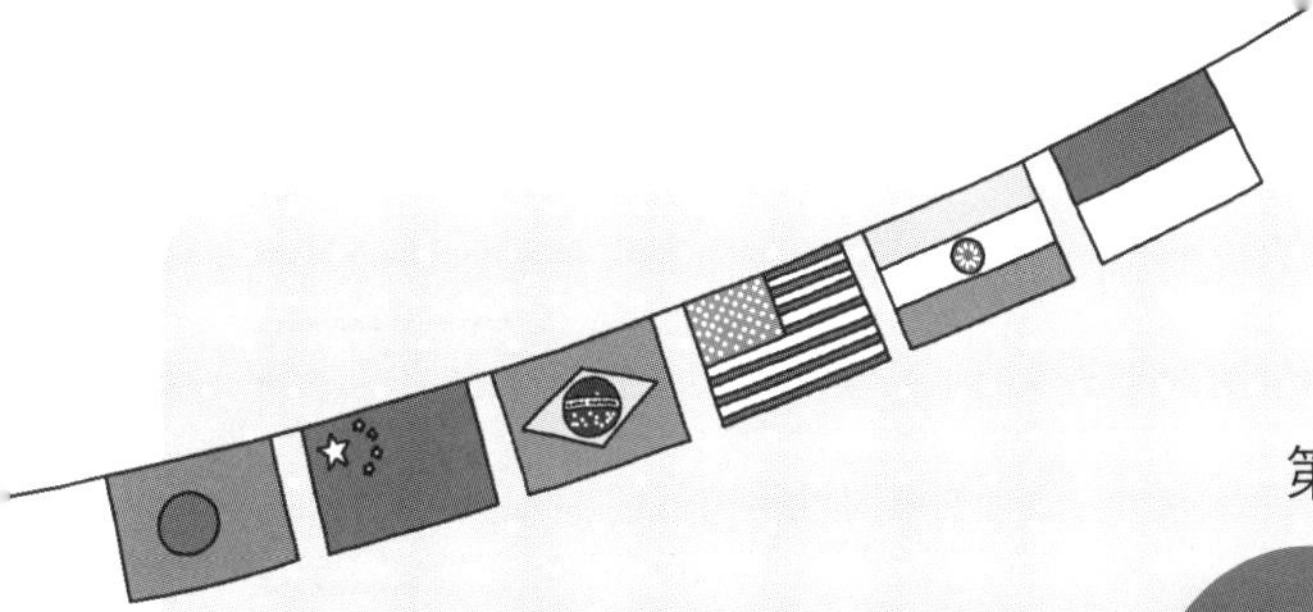

第5章

接し方編

「異文化の壁」はこうして乗り越える

46
接する回数が増えると、心の距離がグッと縮まる

外国人スタッフとの心の距離を縮めるため
社長自らあいさつ運動
おはようございます
オハヨウゴザイマス
ダレ？
こんにちは
順調ですか？
コンニチハ！
ダレ？
ヒマそうな人
お疲れさまです
オツカレサマデスー
ダレ？いつもヒマそう
オジサン帰るときにゴミ捨ててね
オツカレサマー
オジサン？

よく会う人は、なぜだか親近感が増すのです

この章では、異文化の相手と働くときの「接し方」についてお話ししていきます。

最初に、心の距離を縮める簡単な方法をお伝えしましょう。

それは、**接する回数を増やすこと。とにかく会う頻度を高くしたほうがいいんです。**

「ザイアンスの法則」を知っていますか？　はじめは興味がなかったものでも、何度も目にしているうちに、次第によい感情が芽生えてくる効果のことです。

あなたもこんな経験はないでしょうか？

- **最初は何とも思わなかった有名人を、何度も見ているうちにファンになった**
- **毎日行く近所のコンビニの店員に、徐々に親近感を抱くようになった**
- **選挙のとき、ポスターをよく目にする候補者に思わず投票してしまった**

これらはすべて、ザイアンスの法則で説明がつきます。

異文化の相手の場合は、特にこの法則が当てはまります。

「苦手意識がある」→「接する回数が増えない」→「親近感が生まれない」というサイクルに陥りがちだからです。

お互いの違いを克服するためにも、最初のうちは接する回数をできるだけ増やす。異文化コミュニケーションの基本のキです。

47

相手との共通点が突破口になる

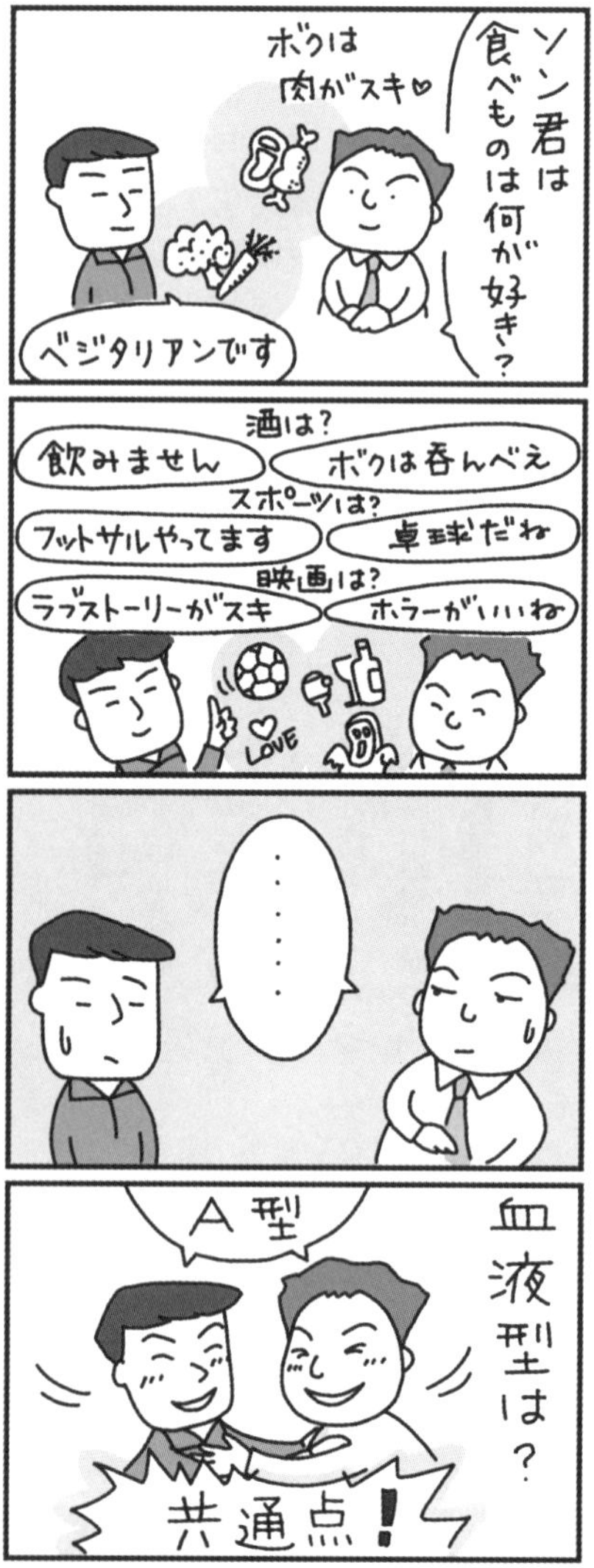

本気で探せば、共通点は必ず見つかる!

人は、自分と共通点が多い相手に親近感を覚えます。似たもの同士は惹かれ合うのです。心理学ではこのことを、「類似性の法則」といいます。

あなたが一番仲のいい友達を思い浮かべてみてください。その友達はどんな人ですか？　自分と共通点が多い人ではないでしょうか？　類似性の法則は、すでにあなたの中にも刷り込まれているのです。

だから**共通点を探して、それを相手に伝えれば距離は確実に縮まります。**

「あなたと私は、あれもこれも一緒！」とアピールするのです。

「そうはいっても、異文化の相手は違いだらけ。共通点なんてなさそうだけど……」

こんな反論が聞こえてきそうです。でも、そんなことはありません。

「利用している電車の路線が一緒」「愛用しているスマホの機種が同じ」といったことなら、共通点を探せるんじゃないでしょうか？　「好きな有名人が一緒」「仕事のスタンスが同じ」といった、嗜好や考え方にも似た点はあるものです。

違いだらけの相手だからこそ、限られた共通点が結びつきを深めます。

「あの人とは距離があると思っていたけど、けっこう似た点があるのね」という発見が、突破口となって強い親近感につながっていくのです。

48 『ドラえもん』はおじさん世代と外国人をつなぐ架け橋

日本のアニメは、世界に誇れるコンテンツ！

以前、ある企業で「類似性の法則」について話したときのこと。私の話を聞いていた50代の男性が、こんな感想をポツリと漏らしました。

「30歳近く年が離れた外国人と、共通点なんてないですよ……」

おっしゃることは、よくわかります。日本人同士でも、30歳も年が離れていたらジェネレーションギャップはありまくりですから。相手が異文化の環境で育った若者であれば、なおさら共通点を見つけにくいかもしれません。

そんな方に朗報があります。おじさん世代と若手外国人社員との確実な共通点が、一つあるのです。それは**「『ドラえもん』にハマった経験がある」**こと。ドラえもんであれば、どんなおじさん世代の方でも話についていけるのではないでしょうか?

「彼らが日本のアニメを好きなのはわかっているけど、ドラえもんを知っているの?」

こう感じた方が多いかもしれませんね。

でも「知っている」なんてもんじゃないですよ。**中国、台湾、タイ、ベトナム、フィリピン、インドネシア、マレーシアあたりでは、日本のアニメの中でもトップクラスの人気です。**特にアジアでは、ドラえもんは最強なんです。外国人若手社員と何を話せばいいかわからないとお悩みの方は、一度ドラえもんの話を振ってみてください。

49 相手の国に関心を持ち積極的に話題にする

自国に関心を持たれれば、誰だって悪い気はしません

外国人スタッフとの会話が盛り上がるテッパンのテーマ。それは、何といっても相手の国に関する話題でしょう。43ページに載せた外国人部下との雑談に関するアンケート結果でも、「相手の母国の話題」は断トツの1位になっています。

人は自分が愛着があるものに、興味を示してくれる相手に好意を抱きます。そして、誰もが自分の国には強い愛着を持っています。だから、**相手の国の話題をどんどん取り上げたほうがいい**のです。相手の国の最新ニュースや風習、食べ物など、どんなことでもいいので聞いてみてください。

ただし、**「政治の話」だけはNG**です。誰だって自分の国の政治に関して、部外者からとやかく言われるのは気分がいいものじゃありません。たとえその意見が正しかったとしても、「あなたには言われたくない」とばかり、感情的に反論してくる可能性が高いでしょう。

「あなたの国の政治はすばらしい」という意見であれば問題ないでしょうが……。政治の話でポジティブな意見が出ることなんて、まずないですよね。

50

相手のことは必ず名前で呼ぶ

こんにちは ボクはサトウです
ちょっと太めです
お名前は？
グェン・タイン・トゥアンです
ベトナムから来ました
どこから来たの？ お名前は？
タイから来ました チュティモン・ジャンジャルーンス・ツクジンです
チュ ティ…？
どこから？ お名前は？
スリランカです
ボーワッテゲダラ・ディカーナーカワ・ムディセンセロラーゲーです
な…ながい…
結局 イさんの名前しか覚えられなかった…
イイソさん イイソさん お菓子はいかがですか？
韓国出身のイ・イソさん
ハイ
さっきもあげたけど

長い名前は、ニックネームをつけるという手もあります

「おい」「お前」「あんた」「貴様」「てめえ」「実習生」「ガイジン」「ベトナム君」

これらはすべて、私が耳にしたことがある外国人部下の呼び方です。もちろん全部NGなのは言うまでもありません。職場では、つねに相手を名前で呼ぶのが基本です。

誰もが自分を名前で呼んでほしいと思っています。心理学では、こうした意識のことを「社会的報酬」と呼んでいます。名前で呼ばれることによって、承認欲求が満たされ、社会的報酬が得られるという意味です。

指示をするときの承諾率も確実に上がりますので、マネジメント効果を高めるためにも、相手を名前で呼ぶことを心がけてください。

また、**外国人材の場合は、下の名前も知っておいたほうがいい**でしょう。姓が約30万種類ある日本と違って、アジアには姓の数が限られている国がけっこうあります。たとえば韓国人であれば、「金《キム》」「李《イ》」「朴《パク》」「崔《チェ》」の4つの姓で人口の半数を占めます。ベトナム人は、国民の約4割が「グエン」です。ベトナム人が多い職場で「グエンさん！」と呼びかけたら、3、4人が振り向くかもしれません。

だから、相手の名前は苗字以外も知っておくべきなのです。ただ、名前がとても長くて、フルネームを覚えるのが難しい人もけっこういますが……。

51

ほめるのが効果的なのは万国共通

本人が気づいていない点をほめるのがベスト!

ほめることはマネジメントの基本です。人はほめられると承認欲求が満たされ、嬉しくなります。ほめてくれた相手に、感謝と好意の念を持ち続けます。だから、ほめることを心がけるだけで、マネジメントの効果が上がるのは間違いありません。

先日、日本で管理職として働く外国人に話を聞いたときも、この話が俎《そ》上《じょう》にのぼりました。彼ら彼女らは技能実習生や年上のパート社員をマネジメントする仕事をしているのですが、全員が異口同音に、ほめ言葉の大切さを口にしていました。ほめることが有効なのは、国や年齢を問わない万国共通の理なのです。

ただ、やみくもにほめ言葉を並べればいいというわけでもありません。「ほめ方」や「ほめる内容」にも留意する必要があります。たとえば次のケース。この上司の発言には少し工夫したほうがいい点があるのですが、どこかわかりますか？

「張さんの今月の予算達成率は120%でしたね。これは、チームの中でもトップの数字です。先月は予算未達だったのに、今月はかなり巻き返しましたね。よく頑張りました。来月も引き続き、この調子でお願いします！」

まず気になるのは、ほめ言葉が短すぎること。おそらく部下は、「えっ、それだけ？」と拍子抜けするはずです。

そしてこの上司の発言は、結果のことしか言っていない点がよくありません。結果だけでなく、プロセスにも着目して評価したほうがいいでしょう。

ほめ言葉の効果には、「自己確認」と「自己拡大」の2つがあります。自己確認とは、すでに自分で気づいているよい点を再確認すること。自己拡大とは、自分で気づいていなかったよい点を認識することです。このうち、ほめ言葉としてより効果的なのは自己拡大のほうといわれています。人は意識していなかった点をほめられると、喜びや嬉しさが一段と高まるのです。

だから**相手をほめるときは、わかりきった「結果」だけでなく、どこがどうよかったかという「プロセス」まで評価すると、ほめ言葉がより強く刺さります**。相手が自己拡大できるように、言い方を工夫したほうがいいのです。

先ほどのケースでは、上司はこのように部下をほめるべきでした。

「張さんの今月の予算達成率は120％でした。これはチームの中で、断トツの数字です。先月の悔しさをバネによく頑張りました。さすがです。張さんは、つねに関連製品の紹介用サンプルを持参して、営業活動に臨んでいますよね。そうした地道な努力の積み重ねが、この結果に結びついたのだと思います。来月も引き続き、いまの取り組みを継続してください。期待しています！」

ポイントは、**取り組んだ内容を具体的に評価している**点にあります。たんに結果だけをほめるのではなく、「やり方を工夫した」「新たなアイデアを思いついた」といった、結果に至るまでのプロセスも評価するのです。そうすることで、相手は「やってきたことは正しかった」と嬉しくなり、さらに高いレベルをめざそうと努力を続けるはずです。

ちなみに私自身も、50歳を過ぎたいまでも、仕事でほめられると嬉しくなります。たまに、「プロに対してほめるのは失礼ですが……」とおっしゃる方がいますが、失礼なんてことは全くないです。自己拡大できると、その後のモチベーションがまるで違ってきますから、遠慮せずにどんどんほめてください（笑）。

52

マネジメントがスムーズになる「ほめ言葉サンドイッチ法」

ほめ言葉の間に「注意や要望」をはさむと、効果的！

ほめ言葉には万国共通の効果があるとはいえ、終始ほめっぱなしは逆効果になります。「この人は、誰に対してもこんなことを言っているんだろう」と、怪しまれるのがオチです。話の途中で注意したり、厳しいことを言う場面をつくりながら、思いっきりほめてあげるのが理想です。

効果的なほめ方のテクニックに、「サンドイッチ法」と呼ばれるやり方があります。これは注意や叱責をほめ言葉ではさむ方法で、**❶ほめて、❷注意や叱責をして、❸またほめる、という3つのステップで話を進めます。ほめ言葉の間に注意や叱責をはさみこむ**のです。

たとえば、こんな感じです。

❶「タパさん、最近がんばっているじゃないですか。今月の社内コンテストは、タパさんが1位になりました。タパさんは、いつも持ち場の整理整頓を欠かさないですし、誰よりも注意深く仕事を進めています。だから、いつかこういう結果になると思っていました。本当にすばらしいです！」

❷「ただ、納期にはもう少しこだわりを持ってほしいです。タパさんの持ち場で、たまに作業が遅れることがあります。もっとスピードアップを意識して、来月はぜひ納期遵守率100％をめざしてください」

❸「でも、タパさんはすごく集中力があるので、必ずできると信じています。タパさんは、このチームのエースです。これからも活躍を期待しています！」

どうですか？　終始ほめっぱなしじゃないので、これなら相手に「本心で言っている」という印象を与えられますよね。

気をつけるべきなのは、くれぐれも最後を注意や叱責の言葉にしないこと。この順番を間違えると、最初にほめちぎっても効果が見込めなくなってしまいます。

次の①と②を比べると、このことは一目瞭然です。

①「あなたはすごいですね。カリスマ性があって、誰からも好かれています。ただ、向こう見ずなところがあるので、もう少し慎重に行動すべきです。とはいえ、あなたは本当に魅力のある人だと思います」

②**「あなたはすごいですね。カリスマ性があって、誰からも好かれています。本当に魅力のある人だと思います。ただ、向こう見ずなところがあるので、もう少し慎重に行動すべきです」**

違いがわかりましたよね。全く同じ内容にもかかわらず、順番を逆にしただけでずいぶん印象が変わると思いませんか?

日本語というのは文法的に、後半の言葉の印象が強くなる言語です。これを「文末決定性」といいます。そのため前半でどんなにポジティブなことを言っても、最後をネガティブな言葉にすると、全体的にネガティブな印象になってしまうのです。

だから、**最後は必ずほめ言葉で締める**。これが鉄則です。

このように、ほめ言葉をお世辞や社交辞令と捉えられないようにするには、ちょっとしたコツが必要です。最初から最後までほめちぎるのではなく、注意や叱責の言葉を織り交ぜながらほめるようにしてください。そして、最後をほめ言葉で締めるようにすれば、マネジメントがこれまでよりスムーズになるのは間違いないでしょう。

53

「本音と建前」は外国人には通用しない

相手のためのやさしい嘘を「建前」と呼ぶことも…？

外国人が理解できない日本人のコミュニケーション方法の一つに、「本音と建前の使い分け」があります。うわべだけの言葉を平然と、しかも頻繁に口にするスタイルに、多くの外国人が当惑しています。

「言っていたことと、実際にやることが違う」

「何を考えているかよくわからない」

「知り合いになった後でも、一定の距離を置いて付き合う」

こういった声を、日本で生活する外国人からしょっちゅう耳にすることがあります。

そもそもどの国の人でも、建前に似た言葉を口にすることはあります。英語にも「リップサービス」という単語があるくらいですから。

ただ日本人の建前は、リップサービスとは別物です。それはもはや嘘と言ってもいいくらいの発言で、致命的な誤解や勘違いを生む可能性すらあります。

建前の使いすぎは、確実に不信感を増幅させます。外国人と人間関係を築くうえで、マイナスの効果のほうが大きいです。何でも本音で、ストレートに話すことを心がけましょう。これ、かなり重要です。

54

心の内を「さらけ出してくれる日本人」が求められている

「自己開示」は、相手と信頼関係を構築するための第一歩！

建前の弊害に関する話を続けます。

先日、日本で働く台湾人男性が、日本人とのコミュニケーションに関して、あきらめ顔でこんな思いを吐露してくれました。

「日本人と接していると、本当の気持ちがわからず、戸惑うことがよくあります。『また今度』と言われても、『今度』が来ることなんて絶対にありません。『機会があれば』というフレーズを日本人はよく使いますが、はなから『機会』をつくろうとしないですよね。その気がないなら、そんなこと言わなきゃいいのに……。どうすれば日本人と親密になれるのか、さっぱり見当がつかないです（苦笑）」

こんな思いを抱えている外国人は、じつは少なくありません。心当たりのある方は、これまでのコミュニケーション方法を変えたほうがよさそうです。

対策としては可能な限り、**自己開示をすることをおすすめします。平たく言うと、「何でもぶっちゃける」ということです。コミュニケーションを深めていくために、自分の心の内をさらけ出したほうがいい**のです。

多くの外国人は、腹を割って話してくれる日本人を求めています。何でも包み隠さずさらけ出すだけで、信頼関係を築ける可能性はグンと高まるはずです。

55

笑いはコミュニケーションの潤滑油

笑顔の効果は無限大~

笑いの効果は万国共通です。お互いの心理的なカベを取り払ってくれます。コミュニケーションを円滑にするためにも、笑いが絶えない職場環境をつくるのが理想です。

私自身、日本で働く外国人に研修をする機会が多くありますが、いつもめざしているのは「笑いの多い講義」です。経験上、講義中の笑いの量と受講者の満足度が、見事に比例することがわかっているからです。

「でも、どんな話で外国人を笑わせたらいいの？」。そんな声が聞こえてきそうです。安心してください。笑いのツボは日本人と大きく変わりません。日本人にウケる話は、外国人も笑います。もちろん、相手が日本語を理解できることが大前提ですけど。

また、人の感情は伝播するといいます。緊張した顔で話しかければ相手も緊張しますし、悲しそうな顔で話しかければ、相手も悲しくなります。だから、**つねに笑顔で話しかけるようにしてください**。そうすれば、きっと相手も笑顔で応じてくれるようになるはずです。

「笑いはコミュニケーションの潤滑油になる」

外国人とコミュニケーションを取る際は、ぜひこの万国共通の定理を基本原則にしましょう。はい、またまたここも赤線箇所です。

56

気をつけたほうがいいNGジェスチャーとは？

人さし指の使い方に要注意！

以前、ある会社で外国人社員むけ研修をしたときの話です。

その研修の参加者は26人。国籍の内訳は、中国、台湾、韓国、ベトナム、タイ、インドネシア、フィリピンの計7カ国・地域に及んでいました。

講義で、「最も嫌な仕事中のマナー違反」をテーマにディスカッションしてもらったところ、図らずも全グループから同じ意見が出たのですが……何だと思いますか？

それは、**人さし指で顔を指される**ことです。

「やられたら、相手が上司でもやめてもらうようお願いする」とコメントした人も何人かいました。じつは人さし指で顔を指す行為は、日本で働く多くの外国人が嫌がるNGマナーなんです。

アメリカでは、人さし指で誰かを指す行為は「お前が悪い！」「お前を非難する！」という意味になります。マレーシアでは、人さし指で指された相手には悪魔が宿ると考えられています。この両国でも、顔への指さしはかなりのNG行為です。

みなさんの中にも、何気なく相手の顔を指さすのがクセになっている方がいるのではないでしょうか？　そういう方は、知らぬ間に相手を不快にさせている可能性がありますので、くれぐれもご注意ください。

Column ⑤

相手の本音を知りたいときは？

本章でお話しした本音と建前に関して、知っておくと役に立つ心理学の知識をご紹介します。いつも私が外国人社員むけ研修で話している、「テッパンネタ」です。

相手の心情がよくわからないとき、顔のどこを見たら本音が読み解けると思いますか？

正解は、顔の左側です。

人間には6つの基本感情があります。「幸福」「恐怖」「驚き」「怒り」「嫌悪」、「悲しみ」の6つです。このうち、幸福以外の5つの感情は、顔の左側に出やすいことがわかっています。

理由は、脳の作用の影響だそうです。右側の表情はポーカーフェイスを装えても、左側はなかなかごまかせないのです（なお、幸福の感情だけは顔全体に表れるそう）。

だから「この人はいまどんな気分なんだろう？」と思ったら、まずは顔の左側を見るようにしてください。相手の本音が、表情の裏に透けて見えるはずです。

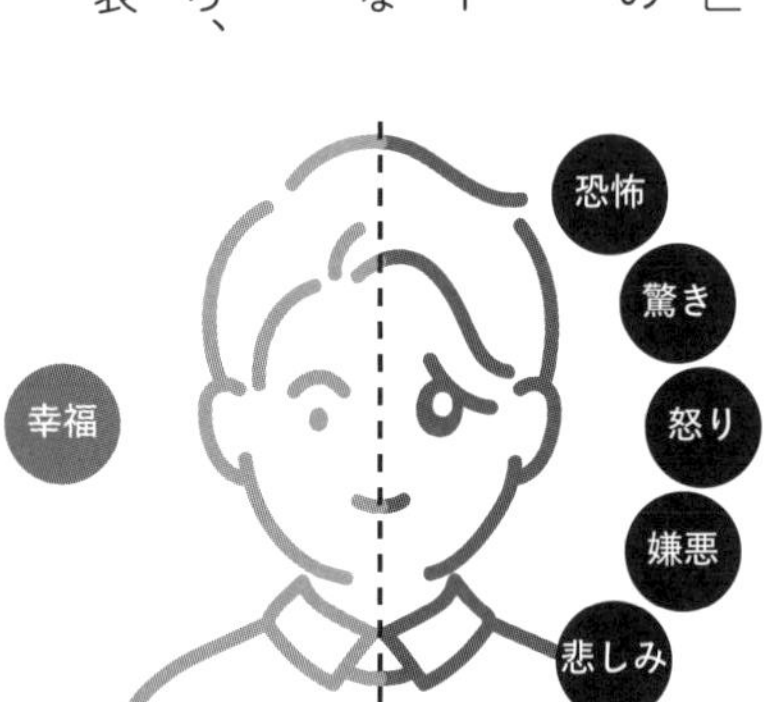

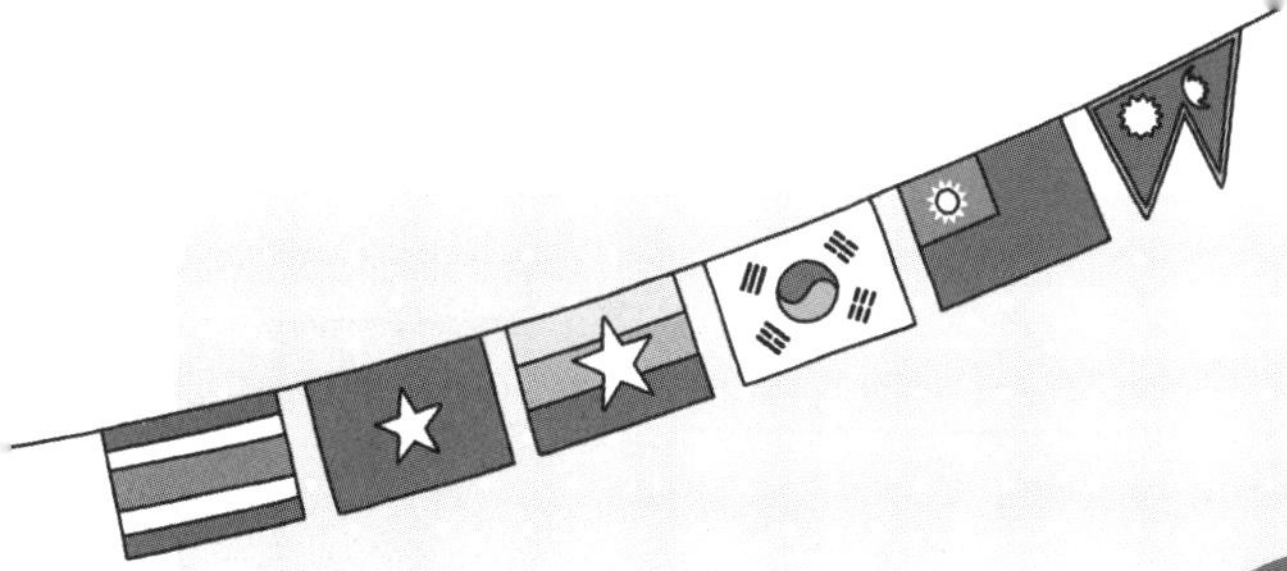

第6章

職場以外にも広がる「異文化の壁」

57

いま日本中に外国人客が押し寄せている

外国人観光客が増えたなあ
意外なところに！
猫Cafe
カプセルホテル
こんなところにも！
シャッター商店街
そんなところまで!?
閉店
ノスタルジック♡

意外なものが「日本的」とウケています

旅行先として、いま日本は大人気です。世界経済フォーラムが発表した「旅行・観光開発ランキング（2024）」でも、日本は3回連続で世界のトップ3にランクされました。

実際、これは訪日外国人観光客数のグラフを見ても明らかです（【図表12】訪日外客数の年度別推移）。コロナ禍前の最高記録は、2019年の3188万人でした。コロナ禍の完全収束を受けた2024年は、2019年の記録を大きく上回るペースで推移しており、4000万人近くまで達する見込みです。

「なぜ、そんなに日本の人気が高いの？」。当然そう思いますよね。壮大な建造物や自然美が見られる国は、世界じゅうにたくさんありますから。

【図表 12】訪日外客数の年度別推移

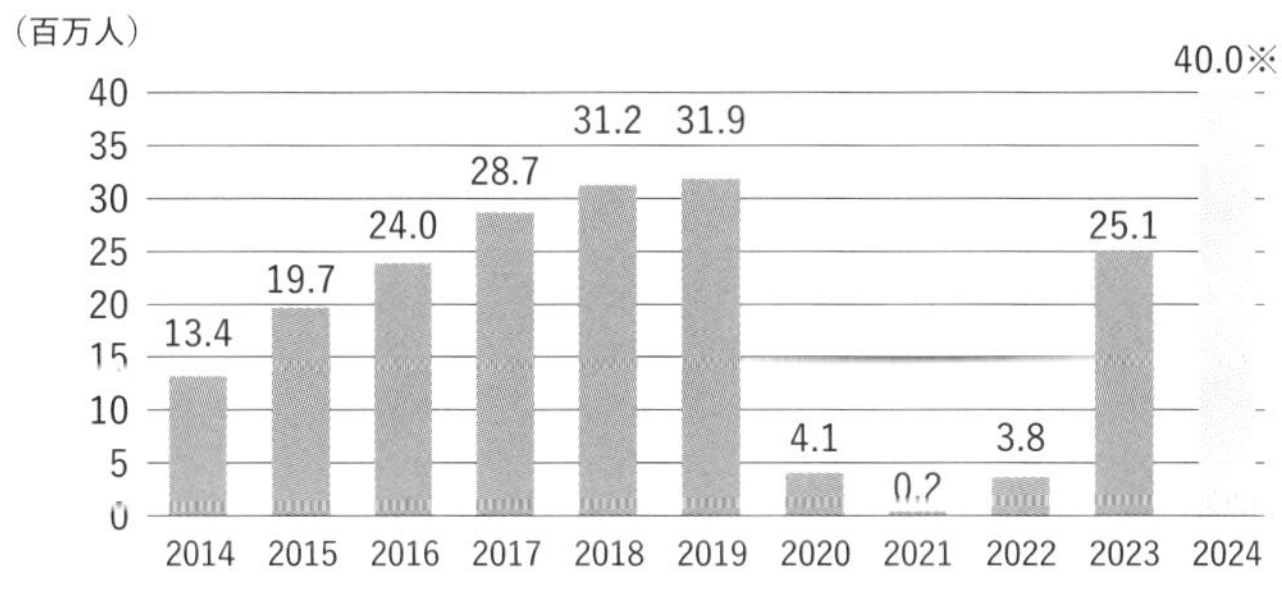

出所：日本政府観光局（JNTO）「訪日外客統計」（※2024 は著者推定値）

じつは日本が高い評価を受けている理由は、こんな点にあります。

- **四季折々の美しい自然を楽しめる**
- **街並みが清潔で、犯罪が少ない**
- **公共交通機関が正確で、本数が多い**
- **地域ごとに特色のある食べ物を味わえる**
- **質の高いサービスを受けられる**

「これが理由なの？」。そう思われた方がいるかもしれません。

確かに、見てのとおり「普通のこと」ばかりです。ただ、私たちにとっては普通でも、ほかの国では普通でないことはたくさんあります。

こうした日本人のあたり前に、多くの外国人客が魅力を感じているのです。**違いがあることを知ったほうがいいのは、インバウンド対応においても全く同じ**です。

そして、いま外国人客の訪問地は日本中に広がっています。訪日前にSNSで見聞きした、自分だけの有名スポットに行く人が増えているからです。日本人からしたら

「なぜそこに？」と思うような場所に、多くの外国人客が押し寄せているのです。

たとえば近年、岩手県盛岡市のインバウンド需要がにわかに高まっています。なぜ盛岡なのかというと、米ニューヨーク・タイムズ紙が発表した「2023年に行くべき世界の52カ所」で、盛岡市が2位に選ばれたからです。個性的な個人店が多いことが、一番の評価ポイントになったようです。そして同記事の2024年版では、山口市が3位になりました。街がコンパクトで、観光公害が少ない点が評価されたそうです。そのため、いま山口市がにわかに注目されています。

失礼ながら、「日本人が観光に行きたい都道府県ランキング」（ブランド総合研究所調査）では、岩手県は29位、山口県にいたっては44位です。こうした日本人があまり行かない穴場（失礼！）に、こぞって外国人客が訪れているのです。

だから、もはやどこに外国人客が突然押し寄せてくるか全くわかりません。SNSでバズって、いきなりみなさんの地域がインバウンド一色になることも十分にあり得ます。そういった意味では、**いまや誰もが日本にいながらにして、異文化に直面する時代になった**といえるでしょう。

58

接客シーンの「言葉の壁」は、工夫次第で乗り越えられる

言葉の壁は、時に人を「石」に変えてしまう…

外国人客の対応に立ちはだかるもの。それは圧倒的に「言葉の壁」です。

ある調査会社がサービス業従事者に行ったアンケートでも、「外国人旅行者への対応に不安を感じている」と答えた人が約50％、「英語を話せないことが不安」と答えた人が約60％もいました。


言葉の壁といっても、外国人労働者と働く場面とはレベルが違います。相手は日本語をほとんど理解できませんから、立ちはだかる壁は格段に高くなります。


実例をお話ししましょう。コロナ禍前に、私がある百貨店で従業員むけインバウンド研修をしたときの話です。

研修に先立ち、私は先方に了承を得て覆面調査を行いました。どんな内容かというと、私が（本当は日本語ペラペラの）中国人調査員と一緒に、客のふりをして店員に近づきます。そして中国語でひたすら質問し続けたら、どんな対応をするかという調査でした。ちなみに、音声翻訳機はまだあまり普及していない時代です。

50人の店員を調査したのですが、結果はどうだったと思います？

ネイティブに近い中国語で返答してきた人が何人かいました。接客ツールを使いながら、カタコトの英語で意思疎通を図ろうとした人はもっといました。このあたりは、さすが百貨店の接客です。

でも、5人に1人くらいからは無視されてしまいました。もう一度言いますよ。店員の約2割は、お客様である私たちを無視したのです（苦笑）。

無視とは具体的にどんな感じだったか？　代表的なパターンを2つ再現します。

【パターン1】

〜中国人調査員が中国語で話しかける〜

女性店員A「ああ、どうしよう。何言っているかわからない。日本語は理解できないよね。えーっと、プリーズ、スローリー……」

〜中国人調査員は、容赦なく中国語でまくし立てる〜

女性店員A「ああ、わけわかんない。誰か助けて……」

〜そのときタイミングよく、他の日本人客が近づいてくる〜

女性店員A「あっ、いらっしゃいませ！　何かお探しですか⁉」

Aはいそいそと、その日本人客と話し始める。私たちは置いてけぼり（はい終了）。

【パターン2】
～中国人調査員が中国語で話しかける～

男性店員B「ああ、ダメだこりゃ。あのー、しょ、少々お待ちください！」

～男性店員は、売り場を離れてバックヤードに行ってしまう～

その後、何分待ってもBは戻ってこず。私たちは置いてけぼり（はい終了）。

二人とも、おそらく普段は絶対にこんな接客をしないはずです。パニックになって、思いもよらない行動をしてしまったのでしょうが……。クレームになってもおかしくないレベルのダメダメ対応です。

念のためフォローをすると、この百貨店はその後、接客トレーニングを強化したうえ、売り場に音声翻訳機を常備しました。だから、いまはかなり対応がよくなっていますのでご安心を。

このように、接客対応においては言葉の壁が平静さを失わせ、時に信じられない言動をしてしまうことさえあります。だからこの点をふまえて、しっかり備えをしておく必要があるのです。

59

言葉の壁は「合わせ技」でやぶるのが現実的

「伝えたい」「応えたい」気持ちが、何より大切です

「言葉の壁があるので、積極的にコミュニケーションを取っていない」

インバウンドの現場でよく耳にする声です。もちろん、これでいいはずはありません。では、どうすれば言葉の壁をやぶれるのでしょうか？

将来的なことを言えば、いつかＡＩがこの問題をほぼ解決してくれるはずです。ＡＩ技術の進化には、すさまじいものがあります。肌感覚で言うと、数カ月ごとに画期的な技術が世に出されている印象です。

ただ、当然コストがかかります。あらゆる企業がこの技術を使えるようになるまでに、あと10年はかかるのではないでしょうか。

現時点では、**いろんな手段を併用して、合わせ技で対応するのがベターでしょう。音声翻訳機、コールセンター、パンフレット、指さしシート、漢字の筆談、カタコト英語、ジェスチャーなどさまざまな手段があります。利用可能な手段はすべて使って、総力戦で切り抜ける**のです。

もちろん、これで１００パーセントの対応はできないかもしれません。ただ、応えようとする姿勢を見せるだけでも外国人客の満足度は上がります。少なくとも無視はしないよう、手段は可能な限り用意しておくべきでしょう。

60

「文化の壁」は無知からくる

かみ合わないときは、相手の価値観を理解することが大原則

インバウンド対応で壁となるのは言葉だけではありません。「文化の壁」も、もちろん大きく立ちはだかります。

結論から言いましょう。文化の壁を乗り越える方法は一つしかありません。違いを学習することにつきます。**文化の壁は無知からきます。だから、日本のあたり前と相手のあたり前の違いを理解し、違いをふまえた対応を考えていくのです。**

実例をもとに、ご説明しましょう。ある観光地の屋台店で起こった話です。

中国人団体客が店頭に立ち寄り、並んでいる商品を興味深そうに眺めています。そして、一人の男性が和菓子コーナーを指さし、店主に試食したいことをジェスチャーで訴えてきました。

そのお店では、一部の商品だけ試食用サンプルが容器に入れて置いてあります。店主は、サンプルを試食していいか確認しているのだろうと思い、「OK」と答えました。

すると、その男性はサンプルが置いていない商品を手に取り、おもむろにセロハンシートを剝がして食べ始めました。驚いた店主は、思わず大声を出してしまいます。あきれた表情を浮かべながら、「おい、何やってるんだ！　ダメダメ！ノー！」と、強めに注意しました。

するとこ、思ってもみなかったリアクションが男性から返ってきました。悪びれた様子を見せると思いきや、怒った表情で店主に食ってかかってきたのです。その場は一触即発の空気になり、周囲が止めに入らなければ、暴力沙汰になるところでした……。


これを読んで、みなさんはどう思いましたか？

「やっぱり中国人はマナーが悪い」

「自分が悪いのに逆ギレするなんて最低だ」

「被害者の店主がかわいそう」

こう思った方は、失礼ながら理解が足りません。日本と中国のあたり前の違いを学習する必要があるでしょう。

店主は、間違いを2つ犯しています。

まず、日本と中国では試食に関するあたり前が違います。中国のお店の商品は、店頭に並んでいるのは試食用で、販売用は後方に置いてあることが多いのです。だから男性は、並んでいる商品は試食してもいいと思っていた可能性があります。男性の心理としては、「事前に確認して食べたのに、何で怒ってくるんだ！」という思いだったはずです。

そのため試食できないのなら、相手の国の言葉で「この商品は試食できません」と書いておく必要があります。日本のあたり前を盾に、頭ごなしに注意した店主にも非があります。

そして何より、仲間が見ている前で叱責している点は最悪です。相手のメンツが丸つぶれです。先述のとおり、中国人は人前で恥をかかされることを非常に嫌がります。だからある意味、中国人客対応のタブー中のタブーを犯しているのです。この点でも、店主の理解が足りなかったと言わざるを得ないでしょう。

異文化の相手と向き合うときは、無知がトラブルに直結します。違いに直面したときは、そのつど理由を調べて対応策を考えていく。この繰り返しが、何より大切です。

61 多言語対応をするときに絶対やってはいけないこと

外国に行ったとき
日本語の案内があると嬉しい
Welcome!
ようこそ!
欢迎光临!
¡Bienvenido!
잘오셨어요!
ホッ
注意書きが日本語だけだと
ちょっと悲しい
立ち小便禁止
禁煙
撮影禁止!
ごみを捨てるな!
ペットのフンは持ち帰って下さい
立入禁止
繁華街のネオンサインが日本語だけだと…
…
カワイイ娘います
飲み放題
安い旨い!
ウフフ♡なお店
明朗会計
ボッタくりません!
美人スナック
テレビで紹介されました!!

外国を訪れる日本人に、こういう人が多いのね…

外国人客むけにメッセージを発信したいときは、相手の国の言葉で書くのが基本です（【図表13】多言語表記例）。

そして、多言語の掲示物をつくる場合は、言葉選びにもぜひ気を使ってください。特に中国語の表記には注意が必要です。

まずは、この話の前提となる「漢字の違い」についてご説明します。中国語の漢字には簡体字と繁体字の2つがあり、次のような違いがあります。

【図表13】多言語表記例
（2024年8月著者撮影）

ようこそ旭川へ
WELCOME
欢迎光临
歡迎光臨
어서 오세요

〔簡体字〕1950年代から中国本土で使われている、画数を減らしたシンプルな漢字

〔繁体字〕台湾、香港で使われているオリジナルの漢字。画数が多く、複雑な形状をしている

ちなみに、日本語の漢字は繁体字がベースになっているので、日本人は繁体字のほ

うが意味を類推しやすいといわれています（【図表14】簡体字と繁体字の違い）。

こうした違いから、掲示物が簡体字で書かれてあれば中国人むけのメッセージと捉えられ、繁体字であれば台湾人、香港人にむけたメッセージと受け取られます。

そのため**多言語対応をする場合は、簡体字と繁体字を併記したほうがいい**でしょう。一方しか書いていないと、無用の誤解を与えかねないからです。

たとえばみなさんが海外旅行に行ったとき、案内が多言語で書かれてあるのに、その中に日本語がなかったらどう感じますか？「日本人は歓迎されていないのかな」と寂しく思うのではないでしょうか。

同様に、掲示物を簡体字のみで記載すると台湾、香港の人を寂しく思わせ、繁体字のみで記載すると、中国の人にネガティブな印象を与える可能性があります。どちらにもメッセージを送りたいのであれば、両方を併記すべきです。

内容が注意書きの場合は、別の意味で併記したほうがいい理由があります。

【図表14】簡体字と繁体字の違い

日本語	簡体字	繁体字
観光	观光	觀光
歓迎	欢迎	歡迎
電車	电车	電車

【図表15】をご覧ください。これは7年ほど前に、某飲食チェーン店に掲示されていた注意書きです。

店内の飲食マナーについて細かく書かれているのですが、簡体字のみで書かれています。日本語の記載すらなく、簡体字オンリーですよ！

これだと、中国人だけに注意喚起をしているように見えます（おそらく実際にそうだったのでしょう）。「中国人のみなさん。あなたたちは格段にマナーが悪いですから、マナーを守るようにしてください」と言っているようなものです。中国人のメンツは丸つぶれになるでしょう。このとき一緒にいた中国人スタッフが、冗談半分で「本部にクレームを入れようかな」と呟いていたくらいです。

このように、掲示物を多言語化するときは少し配慮が必要になります。中華圏はこのあたりはデリケートですので、くれぐれもご注意ください。

【図表15】
某飲食チェーン店の注意書き
（2017年9月著者撮影）

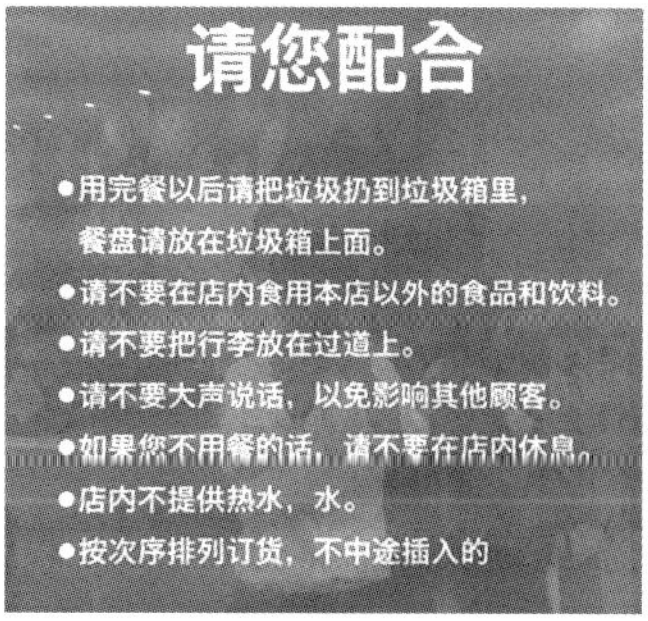
请您配合
●用完餐以后请把垃圾扔到垃圾箱里，餐盘请放在垃圾箱上面。
●请不要在店内食用本店以外的食品和饮料。
●请不要把行李放在过道上。
●请不要大声说话，以免影响其他顾客。
●如果您不用餐的话，请不要在店内休息。
●店内不提供热水，水。
●按次序排列订货，不中途插入的

62

「日本流おもてなし」が外国人に大ウケ、は残念な勘違い

ありがとうございます
You're welcome!
サンキュー
Oh! お辞儀が丁寧ですね!
Good!
What? まだ?
おもてなしコワい…

いつまで頭を下げてるの…?

外国人客にこまやかなおもてなしは必要か？　結論から言うと、あればベターですが決してマストではありません。

おもてなしの本質は、相手の潜在的なニーズを察して、先回りして対応することにあります。買った商品が雨で濡れないよう「雨よけカバー」をかけるとか、お客様の姿が見えなくなるまでお辞儀をし続けるといった行為が典型です。

ただ、そもそもこうした行為は、相手が自分と同じ価値観を持っていないと意味をなしません。外国人客の中には、日本人と価値観が異なる人がたくさんいます。誰にでも、日本のおもてなしが刺さるわけではないのです。

たとえばイスラム教徒の場合、深く頭を下げる動作は「神への絶対的な帰依《きえ》」を意味します。そのためイスラム教徒は、最敬礼のお辞儀を人間に対して行うことに違和感を覚えます。店員がお辞儀をし続けても、おそらく相手を困惑させるだけでしょう。

そして何より、**外国人客は必ずしもこまやかなおもてなしを求めているわけではありません**。外国人客のニーズは、「目の前の困りごとを解決したい」という点につきます。「いま困っているので、助けてほしい」ということなんです。だから、**こうした黙示的な気づかいは、外国人客が期待する最優先のサービスではない**のです。

63

ほんのひと言、相手の国の言葉で話しかけてみる

その「ごめんなさい」を、使う機会が訪れませんように…

外国人客に対応するとき、**ひと言でもいいので相手の国の言葉で話しかけてみてください。心の距離がグンと縮まるのは間違いありません。**

私たちが海外旅行に行った場面に思いを致せば、これが効果的なことは理解できるでしょう。たとえばたまたま入ったショップで、思いがけず店員が「コンニチハ」「イラッシャイマセ」と話しかけてきたらどう感じますか？「日本語で挨拶してくれた！」と意気に感じて、「ここで何か買ってあげよう」という気持ちになるはずです。

日本人が外国人客に対応する場面でも、全く同じことがいえます。実際の成功例をご紹介しましょう。これは銀座の有名ブランド店で働くAさんの話です。

先日、中国人のお客様を接客しました。気難しい雰囲気の人だったので、最初は「声をかけづらいな」と思っていました。でも覚えたてのカタコト中国語を口にしたとたん、お客様の表情が一変。にわかに饒舌になりました。

その後、接客はスムーズになり、結果的に400万円の時計が2個売れました。

相手の国の言葉で話しかけることなら、簡単ですよね。ぜひ実践してみてください。

64

増えている？ 外国人住民との近隣トラブル

お願いだから、私に意見を求めないで…

ここから、外国人住民に関するテーマに話を移します。

法務省のデータによると、２０２３年末時点で、日本で暮らす外国人の数は３４１万９９２人に達しています。もちろん過去最多の人数です。

外国人が増えていることが報じられると、いつも巷にこんな意見が飛び交います。

「外国人は何をするかわからないので、近所に来られるのはホント迷惑」

「外国人は、ゴミ出しのルールを全然守らない」

「夜中に騒音トラブル起こすのは、たいてい外国人」などなど……。

でも、本当でしょうか。イメージや先入観で決めつけていないでしょうか？

断言します。**外国人のほうが、迷惑行為をする人の割合が多いなんてことはありません。**日本人にだって、ルール違反をする人はゴロゴロいるじゃないですか（苦笑）。

ただ外国人の場合、自国との生活習慣の違いから、日本人はまずやらない「トンデモマナー違反」を犯す人がたまにいます。人間は驚くことを見聞きしたときのほうが記憶に残りますから、「外国人はやたら近隣トラブルを起こす」というイメージが定着してしまったのです。

実際はちゃんとルールを守っている人が多いので、この点はお間違えなく。

65

ルール違反はほとんどがケアレスミス

「歩きスマホ」もやめましょう！

先ほどお話ししたとおり、迷惑行為は外国人の専売特許ではありません。ただ、ゴミ出しに関しては、日本人よりルールを守らない人が目につくのは事実です。

結論から言うと、ゴミ出しについては、**ルールを知らない、あるいは正しく理解していないために違反してしまうケースが多い**です。

「住んでいる場所ごとに、指定のゴミ袋があるなんて知らなかった」

「朝8時までに出すことになっているので夜中1時に出したら、注意された」

など、たいていは、無知からくるこうしたケアレスミスが原因です。

日本は他国と比べて、突出してゴミ出しのルールが細かいといわれます。たとえば分別にしても、世界的には「リサイクルゴミとそれ以外」といった、ざっくり分別が主流です。だから多くの外国人は、母国で細かく分別を要求された経験がないんです。

そもそも、わざと迷惑行為をしてやろうなんて思っている人はまずいません。多くの外国人は、日本で生活しているうちに、「空気を読んで周りに合わせたほうが楽」であることを学びます。どんなに白い目で見られても、自分のやり方を貫こうなんて考えていません。むしろ郷に従う気マンマンなのですが……。母国とあまりにルールが違うため、意図せず違反をしてしまう人が一定数いるのです。

66

ルールを「見える化」するときは理由とメリットもセットにする

わかりやすいメリットを提示しよう！

では、こうしたルール違反を減らすにはどうしたらいいでしょうか？

第4章でも似た話をしましたが、**重要なのは徹底的なルールの見える化**です。ルールを知らないのであれば、正しく理解してもらう。当然の帰結ですね。

「見える化」をするときは、留意点がいくつかあります。

まず相手の国に合わせて多言語化し、掲示物で繰り返し伝えるのが基本です。内容はできるだけシンプルに。わかりやすさにもこだわってください。

またその際に重要なのは、**「理由」と「メリット」を書き添えること**です。なぜこのルールを守ってもらう必要があるのか。守ってもらわないとどんな支障が生じるかを明示するのです。これによって、ルールの実効性がグンと高まります。

たとえば先ほどお話しした、「ゴミを夜中の1時に出したら注意された」というケース。ルールを納得してもらうためには、次のように内容を明示する必要があります。

「早朝にカラスがゴミ置き場を荒らし、ゴミが散らかったことが何度かありました。だから夜中に捨てられると困ります。必ず朝の6時から8時の間に捨ててください」

このように、**ルールを徹底するには、「見える化」して知らせるだけでなく、その趣旨や背景も伝えたほうがいい**のです。

67

外国人むけの掲示物は完璧じゃなくていい

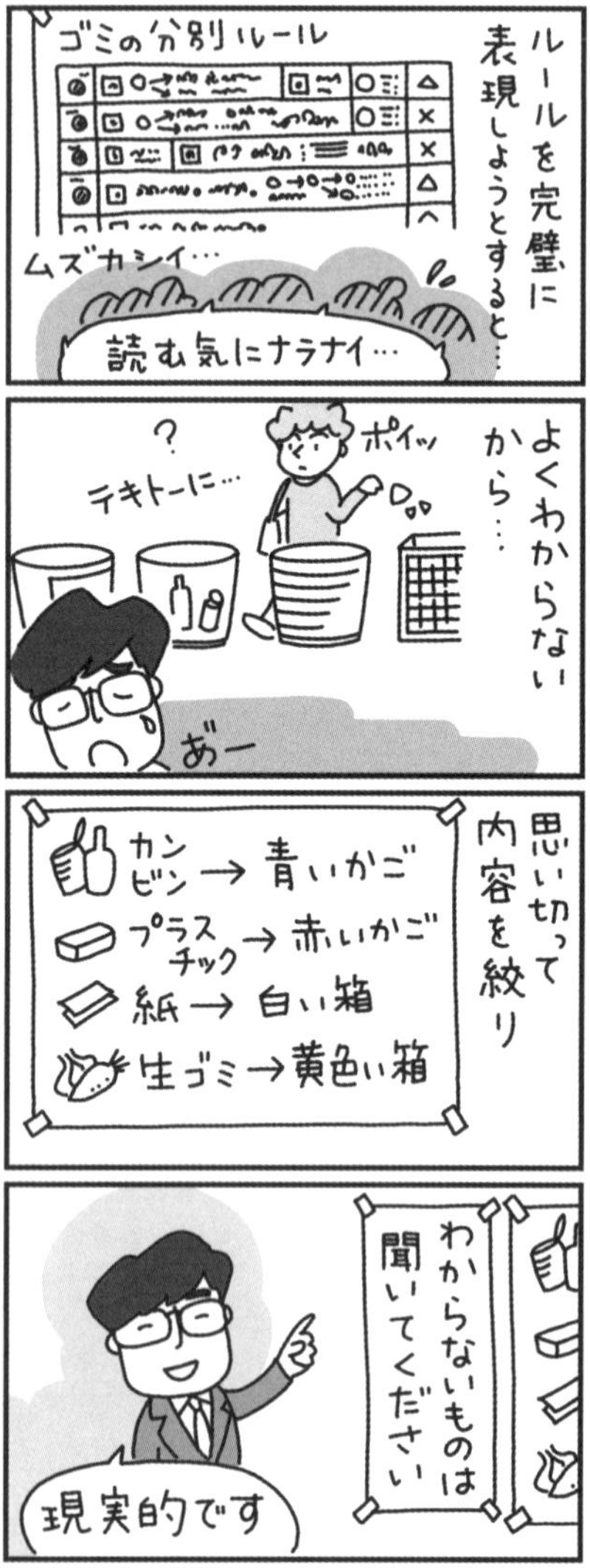
ルールを完璧に表現しようとすると…
ゴミの分別ルール
ムズカシイ…
読む気にナラナイ…
よくわからないから…
ポイッ
?
テキトーに…
あー
思い切って内容を絞り
カン ビン → 青いかご
プラスチック → 赤いかご
紙 → 白い箱
生ゴミ → 黄色い箱
わからないものは聞いてください
現実的です

「細大漏らさず」より「実利」を取りましょう

これから日本人が外国人と共生するうえで、変えたほうがいい考え方があります。それは、**すべてを完璧にしなければならないという意識です。日本人は何でも目いっぱいやろうとしますが、あえて手を抜いたほうがいいケースもあります。**

それが如実に表れているのが、街なかにある掲示物です。複雑すぎて、外国人には理解不能なものが目につきます。

【図表16】をご覧ください。

これはある自治体が作成した、外国人住民むけのゴミ分別ルールの注意書きですが、これを見てどう感じますか？「なんじゃこりゃ！」と思いませんか（苦笑）？英語で書けばいいってもんじゃないですよね。

もともと日本語で書いて

【図表16】外国人住民むけごみ分別注意書き
（2024年10月著者撮影）

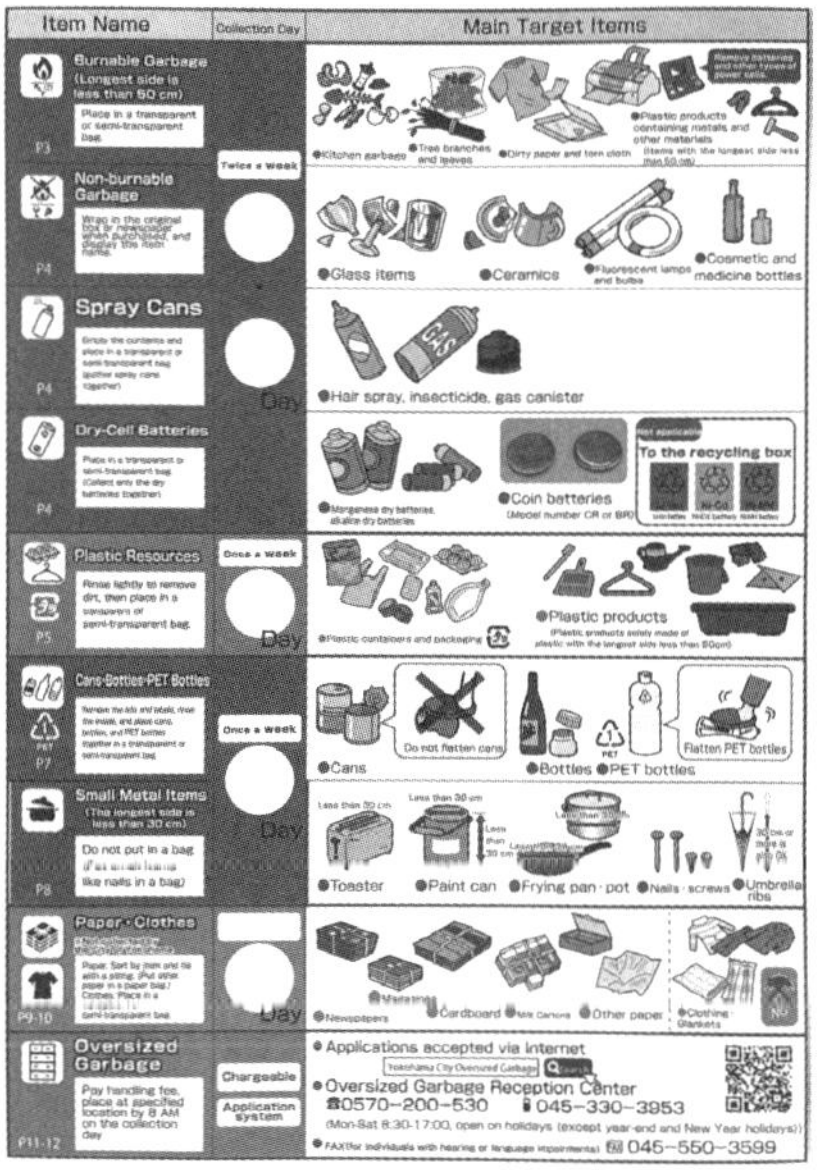

ある内容が理解しづらいので、それをそのまま英訳してもあまり意味はありません。まずは、内容自体をもっとわかりやすくしないといけないですよね。

捨てる頻度が高いものだけをシンプルに載せて、「ここにないものを捨てるときは必ず問い合わせてください」と書けばよくないですか？　そのほうが、ルールの徹底度合いは高まるのではないかと思います。

なぜこうなってしまうのか？　それは**「すべて漏れなくカバーする」ことがマストだからです**。おそらく、「これが抜けているじゃないか！」と言われないようにすることを最優先にしているのでしょう。ただ、全体の数パーセントから生じるクレームを恐れるあまり、大半の人の実用性を損なう結果になっています。

「完璧すぎる掲示物」をもう一つご紹介しましょう。【図表17】は、東京と横浜方面、羽田空港間を運行する、京浜急行電鉄の品川駅下りホームにある案内表示です。

足元を見てみると、目的地ごとに並ぶ列が決まっていてカラフルに色分けされています。そして、○○方面行きはここに並ぶ、車輌が2ドアの場合はここから乗車する、といった内容が細かく書かれています。しかし、初心者が瞬時に内容を理解するのはまずムリです。外国人客のために一部英語表記もありますが、日本語でもわかりにくいので、英訳したところでわかりにくさは変わりません。

おそらくこの電車を頻繁に利用する人には、便利な案内なのでしょう。でも初めて利用する人、とりわけ外国人客には全く意味不明な内容です。

先日ここを15分くらい観察してみたのですが、案の定、どこに並んだらいいか駅員に聞いていた人が4人もいました。この案内表示が、初心者を確実に混乱させているように感じました。

このような、**日本人の「細大漏らさず」のやり方は、かえって情報をわかりにくくしています。特に日本初心者の外国人に対しては、完璧じゃないほうがいいケースが多い**のです。

【図表17】京急線品川駅の案内表示（2024年4月著者撮影）

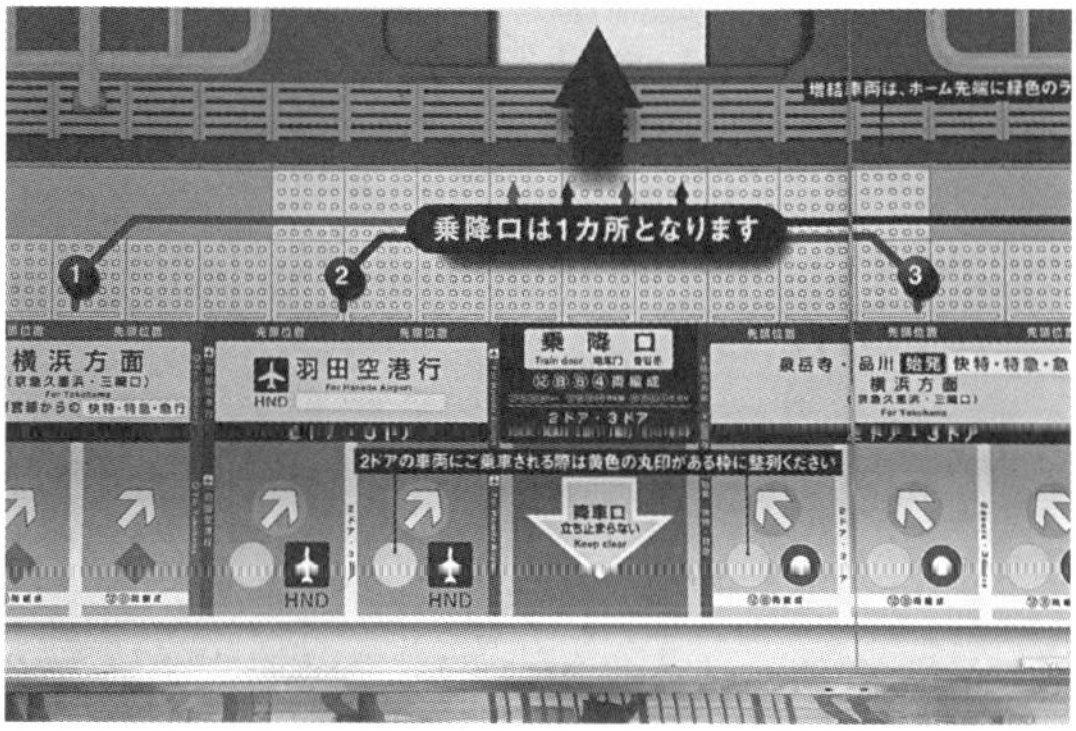

68

相手は日本生活の「初心者」であることを忘れない

SHH…
夜はうるさくしないでね
みんなに迷惑をかけないのが
日本のルールです
その日の深夜
グオーッ
ゴーッ
グオーッ
日本人のイビキがメイワク〜

そういうあなたが、イチバンうるさいですよ！

外国人住民と共生していくうえで、大切な姿勢が2つあります。**多少の間違いは大目に見ること**、そして**教えてあげる姿勢を持つこと**です。

自分が「Aをするべきだ」と思う場面で、相手に違う行動をされるとイラッとするものです。でも相手がAを全く知らないのであれば、仕方ないと思いませんか？　確信犯なのか無知なのか、その違いは大きいです。

たとえば、職場に新入社員が入ってきたとします。その新人は電話の応対はまともにできないし、敬語も間違えまくりです。そのとき、いきなりその新人をきつく叱責するでしょうか？　おそらくそんなことはないですよね。たいていの人は、「社会人生活の初心者だからしょうがない」と、大目に見るのではないでしょうか。

外国人住民と接するときも、同じマインドを持つべきです。**多くの外国人は、日本の慣習を完全に理解してから来日しているわけではありません。いわば日本生活の初心者です。最初のうちはどうしても、ルールを逸脱する行動をとってしまうこともある**でしょう。

だからあまり目くじらを立てず、そのつど丁寧に教えてあげてください。外国人住民は郷に従う気マンマンですから、あなたの指導に素直に耳を傾けるはずです。

Column ⑥

日本の最大の魅力は「安心、安全」

周りにいる外国人に、「日本の最大の魅力は何ですか？」と尋ねてみてください。おそらく半数以上が、「安心、安全」と答えるのではないでしょうか。**「とにかく安心で安全な国」**。**これがいまの日本の代名詞**になっています。

関連のデータをご紹介しましょう。【図表18】をご覧ください。これは、留学生に日本で就職したい理由を聞いたアンケート結果ですが、1位に「生活環境に慣れているから」、3位に「治安がよくて安全だから」という答えがあります。

「生活環境に慣れている」とは言い換えると、日本の生活のほうが落ち着く、合っているという感じでしょうか。つまりは、「母国より安心なので日本で生活したい」と考える人が多いのです。

これを見ても、「安心、安全」が、外国人が日本に居続け

【図表 18】外国人留学生が日本での就職を希望する理由

順位	内容	割合
1 位	生活環境に慣れているから	68.5%
2 位	日本語力を活かせるから	57.6%
3 位	治安がよくて安全だから	38.9%
4 位	給与・待遇がよいから	35.2%
5 位	教育・研修制度が整っているから	34.9%

出所：株式会社ディスコ「外国人留学生の就職活動状況に関する調査」（2023 年）

る動機づけになっていることがわかると思います。

こうした意識は、これから日本に来ようとしている人たちも同様です。

たとえば最近中国では、富裕層が先進国などに移住する「潤《ルン》」と呼ばれる動きが盛んです。国内の政治状況を憂慮して、中国から脱出しようとする人が増えているのです。なかでも日本が移住先として人気だといいます。理由はここでも「安心、安全」です。

- **同じ東アジアの国で、文化や生活習慣が似ている「安心感」**
- **政府の突然の方針変更に振り回されない「安心感」**
- **競争が緩やかで、周りの人を出し抜く必要がない「安心感」**
- **治安がよくて、事故や犯罪にあう可能性が小さい「安全性」**
- **水や食料を不安なく口にできる「安全性」**

こうした点に惹かれて、多くの人が日本行きを決めているといいます。


ずっと日本で暮らす私たちにはなかなかピンとこないですが、日本人のあたり前の日常に、魅力を感じる外国人はたくさんいるのです。

さらには、日本の安心、安全はインバウンド客も魅了しています。日本を旅行した外国人の多くが、社会の秩序や治安のよさに驚くといいます。

私が聞いた代表的な声を紹介しましょう。まずは、アメリカ人男性の感想です。

「日本はどこに行っても清潔で、ゴミ箱がないのにゴミが全く落ちていません。街を汚してはいけないという意識を、みんなが持っているからでしょう。電車内でも、周りに迷惑をかけないよう静かにしています。こんなのアメリカでは考えられません」

もう一人。メキシコ人女性が、母国との治安の違いについてこんな具体例を話してくれました。

「メキシコではいつ不審者に出くわすかわからないので、つねに防犯ブザーと催涙スプレーを持ち歩いています。だから、防犯グッズを持たずに外出するのは本当に久しぶりです。緊張しないで外を歩けるだけでも、日本はすばらしい国だと思います」

このように、日本の安心、安全は多くの外国人客を感動させています。

「日本の常識は世界の非常識」という言葉があります。これはもっぱら、日本人が自らを卑下するときに使うフレーズです。ただし、日本の安心、安全に関しては、ポジティブな意味で世界の非常識であることは間違いないようです。

外国人スタッフありがとうパーティ
世界中からたくさんの人が
来てくれました
最初はとまどいました
No...!!
デキマス!!
Help me...
しかし 誤解やすれ違いはお互い歩みよって解決してきました
ぐすっ
共通点!
わかるよ〜
そしたらどんどん楽しくなりました
みなさんの異文化パワーで会社は順調ですこれからも一緒にガンバリましょう!

おわりに

違いを乗り越え、互いに理解しあえる社会をめざして

本書は、異文化マネジメントをテーマにした私の4冊目の書になります。これまではどちらかというと、外国人雇用に携わっている方にむけた実務寄りの内容が中心でした。しかし本書については、ビジネスで外国人材とかかわる方以外にも、楽しみながら読んでもらえる本になるよう心がけました。

本書を執筆するにあたり、私がこだわった点が2つあります。一つは、外国人雇用の知識や経験がない方が読んでも「おもしろい」と思える内容にすること。もう一つが、これから異文化とかかわることになる、若い世代の方が読んでも理解できる内容にすることです。

こう考えるようになったのには理由があります。それは先日、滋賀県の県立高校1年生からもらった手紙がきっかけでした。彼女の高校では、生徒が関心を持った本を授業で発表する活動をしているそうで、彼女はそこで拙著を課題図書に選び、著者である私に感謝の手紙を送ってきてくれたのです。

手紙には、次のようなことが記されていました。

「この本を読んで、考え方を転換することがいかに大切かを学びました。異文化の相手と何かに取り組んだとき、意見の食い違いはどうしても起こります。でも、それを厄介ごとと捉えるのではなく、ポジティブな要素と捉えたほうがいいことがよくわかりました。この本を通して、さらに異文化に対する関心が高まり、より深く学んでみたいと思うようになりました。世界各国の文化や宗教の違いについて、これからどんどん調べていくつもりです。そのきっかけを与えてくださったことに感謝申し上げます。ありがとうございました」

私は強く心を打たれました。と同時に、異文化マネジメントに関心を持つのはなにもビジネス関係者に限らない。もはや、あらゆる世代や立場の方が、このテーマの当事者になっていることを再認識したのです。

そして、日本人の異文化マネジメントのありようを変えていく、こうした若い世代の方に影響を与える本をもっと書きたいと考えるようになりました。

この点で、本作は狙ったとおりの内容になったのではないかと自負しています。

本書で繰り返し述べてきたとおり、日本人の異文化との融合にはまだ高い壁が立ちはだかっています。多くの日本人は異文化に免疫がなく、未知の相手に過度な抵抗感や恐怖心を抱いているのが実状です。

ただ、一方で日本人には、環境に自らを適応させていく柔軟性があります。

慣れないうちは不安を覚えたり、慎重になったりしたとしても、最終的には異文化とうまく融合していく力を持っているのではないでしょうか。

特にこれから社会に出ていく若い世代は、共感性が高く、異なるものを取り込む力にたけています。彼ら彼女らなら、異文化マネジメントのありようをどんどん理想的なものに変えてくれるでしょう。その際に、本書が何らかのヒントになれば、著者としてこれに勝る喜びはありません。

本書を完成させるにあたっては、多くの方のお力添えをいただきました。

まずは、エスプリの利いたユーモアあふれる4コマまんがを描きおろしてくださったＹｕｋｏさんに心から感謝を申し上げたいと思います。私の意図を的確に汲みとりながら、絶妙なアレンジを施していただきました。この秀逸なまんがのおかげで、本書の内容が格段におもしろくなったのは間違いないでしょう。

また、本作の企画実現にご尽力いただいた吉田幸弘様にも、この場を借りてあらためて謝意を表したいと思います。本当にありがとうございました。

そしてもう一人。日本語教師をしている妻の亜希子には、内容に関するさまざまな調査に協力してもらいました。彼女の力がなければ、この本は、到底完成させることはできませんでした。あらためて、心からありがとう。

最後に、今日も異文化の壁と闘っているみなさんにエールを送りつつ、このあたりで筆をおくことにします。最後まで読んでいただき、ありがとうございました。

外国人住民受け入れのモデルケースとして
全国的に有名になった、北海道東川町の実家にて

千葉祐大

日本流が正しいと思わないこと
みんな違ってあたり前

今日《きょう》も異文化《いぶんか》の壁《かべ》と闘《たたか》ってます

著　者――千葉祐大（ちば・ゆうだい）
まんが――Yuko（ゆうこ）
発行者――押鐘太陽
発行所――株式会社三笠書房
〒102-0072　東京都千代田区飯田橋3-3-1
https://www.mikasashobo.co.jp
印　刷――誠宏印刷
製　本――若林製本工場

ISBN978-4-8379-4013-5 C0030

本書へのご意見やご感想、お問い合わせは、QRコード、
または下記URLより弊社公式ウェブサイトまでお寄せください。
https://www.mikasashobo.co.jp/c/inquiry/index.html